KB219374

페이지 처치 2
쓰러진 김에 엎드려 하나님을 만났다

쓰러진 김에
엎드려
하나님을
만났다

페이지처치
Page Church 2

신
재
웅

규장

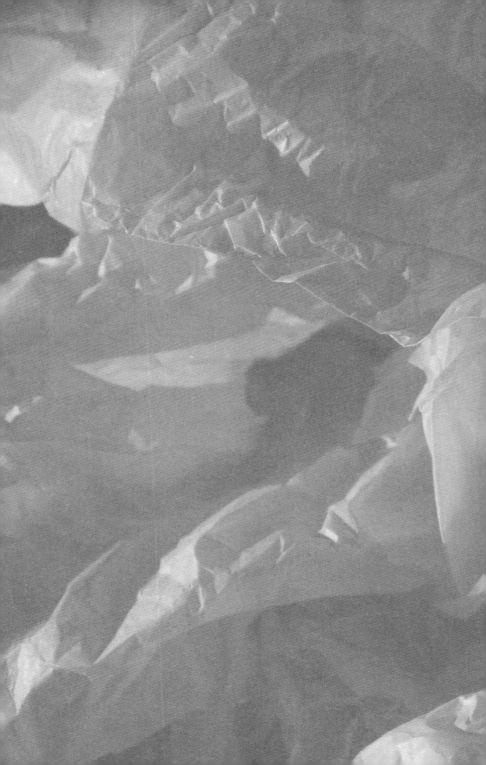

너의 연약함은
나에게
아름답고
사랑스럽다!

연약함을 사랑하신다

왜 연약함을 사랑하실까. 하나님은 우리의 전부를 사랑하시는데 우리는 연약함밖에 없기 때문이다. 못하는 것과 모르는 것밖에 없다. 연약함을 사랑하시는 하나님께 사랑받을 구석이 참 많은 우리다.

나이가 더해지면 조금 더 알게 될까? 나이를 먹으면서 알게 되는 유일한 것은 그 나이를, 그 시대를 처음 살아보는 우리는 그동안의 경험이 지금에는 답이 아님을 알게 된다는 것이다. 경험을 많이 하고 견고하게 계획을 쌓으면 더 잘할 수 있을까? 작은 우연과 변수에도 쉽게 무너지는 것이 우리다.

손이 들어가지 않은 장갑은 혼자서 아무것도 할 수 없다. 손가락질도 할 수 없고 작은 물건도 들 수 없다. 우리가 그런 존재다. 하나님 없이는 '내'가 아니다. 하나님 없이는 아무리 많은 것을 잘하고 많은 것을 가져도, 아무리 정체성을 찾고 자아를 이룬 것 같아도 아무것도 아니다. 우리는 하나님이 아니면 온전할 수 없고 만족할 수 없도록 설계되어 있다.

삶은 하나님이 아닌 것으로는
절대 완성되지도
채워지지도 않는다.

그래서 연약함을 사랑하신다. 사람의 연약함은 하나님만 바라보게 하는 강력한 동기가 되기 때문이다. 연약함 때문에 가장 귀한 것을 하게 되기 때문이다. 연약함 때문에 가장 가치 있는 일을 하기 때문이다. 하나님께 돌아오게 하고 하나님을 바라보게 하기 때문이다.

모든 것을 다 가진 둘째 아들은 아버지께 등을 지고 멀어지기만 했다. 모든 것을 다 잃었을 때 비로소 아버지가 생각났고 집으로 돌아갔다. 무한한 연약함은 무한한 하나님을 바라보게 하는 선한 빌미를 제공한다. 자신의 약함을 아는 자만이 하나님을 바라볼 수 있는 것이다.

하나님 앞에서 흔들리는 믿음을 고백하며 낮아질 때, 어쩌지 못하는 어려움 앞에서 나약해질 때, 어떻게 해야 할지 알지 못할 때, 그래서 사랑받을 만한 모습이 없다고 생각할 때 하나님은 그 연약함을 사랑하신다고 말씀하신다. 그 말씀을 믿고 담대하게 하나님 앞에 서야 한다.

넘어질 거면
하나님 앞에서 넘어지고
약해질 거면
하나님 앞에서 약해져야 한다。

아무것도 모르는 우리는
하나님밖에 몰라야 한다。

연약함으로 일하신다

빛은 어둠에서 일하고, 온기는 한기에서 일하듯 강하신 하
나님은 약함에서 일하신다. 약해서 하나님을 의지하고 아파
서 하나님께 기도하고 못나서 하나님께 붙들리면 그것으로
하나님이 일하신다. 약함과 실패가 하나님을 만나 놀라운
일을 만들 것이다.

절대 흔들리지 않을 것처럼 굳건하게 끝까지 예수님을 따
라가겠다는 베드로가 아니라 예수님을 배신한 후 가장 부
끄럽고 가장 무너졌던 베드로에게 예수님의 양을 먹이는 일
이 맡겨졌다. 타는 듯한 눈빛으로 기세 있는 얼굴로 그리스
도인들을 잡으러 가던 강한 바울이 아니라 시력을 잃어 혼
자서는 아무것도 못 하게 된 바울에게 하나님의 일이 맡겨
졌다. 모세가 하나님을 만난 건 이집트의 왕자일 때가 아니

라 광야의 도망자일 때다. 미디안을 치시기 위해 사용하신
건 큰 용사가 아니라 몰래 밀을 타작하던 농부 기드온이었
다. 삭개오가 돌무화과나무에 올라가 예수님의 눈에 띄게
한 것은 세리장이라는 명예와 부자라는 자랑거리가 아니라
키가 작다는 약점이었다.

꽃보다 잎이 먼저 핀다. 꽃이 피기 전 잎은 부지런히 햇빛을
받아 꽃을 피우고 열매를 맺게 한다. 꽃처럼 화려하고 멋진
장점보다 잎처럼 조촐하고 단출한 단점만 가득하다면 그
것으로 하나님이 일하신다는 것을 기억해야 한다. 그 약함
으로 햇빛 같은 하나님의 은혜를 만나 하나님이 주신 가능
성을 꽃 피울 수 있게 된다. 그래서 하나님은 우리에게 약함
과 단점을 주셨다. 그것으로 우리를 만나시고 일하시고 우
리를 사용하시기 위해서다.

이제 우리는 약하다는 것과
약한 만큼의 한계가 있다는 것에 감사하며
하나님께 나아가야 한다。

그래서 연약해도 괜찮다

새벽에 일어나 기도하려고 눈을 감았더니 기도보다 오늘 해야 할 일들이 지나갔다. 막막함에 마음이 막혔다. 걱정되게 하신 이유가 있었다. 걱정의 끝을 따라가니 하나님이 계셨다. 그 막힌 곳에서 하나님을 만나 행하실 일들을 기대하며 감사 기도를 드렸다. 모든 한계의 끝에 하나님이 있다. 내 지혜의 끝, 내 능력의 끝에 하나님이 기다리고 계신다.

하나님은 연약함을 사랑한다고 속삭이시고, 연약함으로 나아오라고 말씀하시고, 연약해도 괜찮다고 외치신다. 그래서 연약해도 괜찮다. 둘째 아들이 자신의 부끄러운 모습을 보며 아버지께 돌아가도 좋을지, 아들이라 일컬음을 받아야 할지 주저할 때 아버지는 그 모습도 괜찮다고 변함없는 기다림으로 외치고 있었다.

내가 얼마나 귀한지 약해지면 알게 된다. 이렇게 죄도 많고 초라하고 믿음도 없고 보잘것없는 나조차도 사랑하시는 걸 보면 내가 얼마나 하나님께 귀한지 알게 된다. 이것이

약함의 유익이다.

이 책에는 약한 자가 만난 하나님의 이야기가 쓰여 있다. 쉽게 구겨지는 종이 같은 약한 삶도 사랑스럽다 하시며 최고의 이야기를 쓰시는 하나님의 이야기가 담겨 있다. 이 책을 통해 약한 모두에게 강한 은혜가 온전히 전해지길 소망한다.

약함이 있는 이유는
약해서 하나님과 함께 사는 것이
가장 완전한 삶이기 때문이다。

신재웅

차례

오늘도
힘들었고
흔들렸습니다

2부

하나님이랑
가장 친해지는
시간

3부

연약함을
사랑하신다

4부

내가 뭐라고.

1부

page_church

꿈을 이루는
가장 좋은 방법

하나님을 위해 살면
하나님의 꿈을 이루시기 위해
우리의 꿈을 이루신다.

베드로는 깊은 곳에 그물을 던지라는
말씀에 순종해서 물고기를 많이 잡았다.

예수님의 뜻에 순종했는데
베드로의 뜻이 이루어졌다.

하지만 이것으로 예수님의 꿈이 이루어졌다.
어부 베드로가 제자 베드로가 된 것이다.
베드로의 꿈을 통해 예수님의 꿈을 이루셨다.

오래전 막연하게 책에 대한 꿈을 꿨다.
그런데 책을 쓰기 위해 사역하거나
책이라는 열매를 내기 위해 애쓴 적이 없다.

하나님의 꿈을 위해 순종하며
그리스도인으로서 전도사로서 목사로서
맡겨진 자리에서 맡겨진 것을 했을 뿐이다.

책이 출간되었다.
페이지 처치의 글이 진짜 페이지에 옮겨졌다.

하나님의 사랑과 뜻이 더 전해지는
하나님의 꿈을 이루시기 위해서일 것이다.

하나님을 위해 살다보니
그 꿈을 잊지 않으시고 이루게 하셨다.

하나님의 꿈을 이루기 위해 살면
하나님은 내 꿈을 이루어주신다.

**꿈을 이루는 가장 좋은 방법은
하나님의 꿈을 위해 사는 것이다.**

그리스도인이
가장 싫어하는 것

그리스도인이 가장 좋아하는 것.
은혜

은혜받기 위해 꼭 해야 하는 것.
순종

그리스도인이 가장 싫어하는 것.
순종

그리스도인이 가장 원하는 것.
순종 안 해도 은혜받기

순종 안 하는 이유.
불안해서
순종 안 하면 일어나는 일.
은혜가 없음
은혜가 없으면 일어나는 일.

평안이 사라짐

순종하는 게 불안해서
순종 안 하면 일어나는 일.
불안

순종하는 법.
기도

 03 page_church

잘해야 할 텐데
잘해야 할 텐데
잘해야 할 텐데

다윗은 골리앗을 이길 수 없었다.
하나님의 자녀 다윗은 골리앗을 이겼다.

모세는 홍해를 가를 수 없었다.
하나님의 자녀 모세는 홍해를 갈랐다.

베드로는 병을 치유할 수 없었다.
하나님의 자녀 베드로는 걷지 못하는 자를 걷게 했다.

다윗은 하나님의 능력을 인정했고
모세는 하나님의 말씀에 순종했고
베드로는 하나님의 사랑을 경험했다.

나는 두려움을 이길 수 없고
나는 믿음 없음을 극복할 수 없고
나는 나약함을 고칠 수 없다.

나는 나에게 맡겨진 수많은 역할을
제대로 감당할 능력이 없다.

하지만 하나님의 자녀는
모든 것을 할 수 있다.

아버지가 모든 것을
하실 수 있기 때문이다.

기도한 것보다
더 좋은 응답 받는 법 1

나병에 걸린 나아만 장군에게 엘리사는
요단강에 7번 몸을 담그라고 말한다.

1번, 2번, 3번.
손끝부터라도 나아져야 할 텐데
아무 변화가 없었다.
4번, 5번, 6번.
역시 아무 변화가 없다.

7번째 담그자 나병이 사라졌다.

3일째 여리고성을 돌고 있다.
이 정도면 벽돌 하나씩은 빠져야 하는데
여전히 견고하다.

5일째 노아는 방주에서 비를 기다린다.
이쯤 되면 보슬비라도 내려야 하는데

햇볕만 따갑다.

7일째 되는 날 여리고성은 무너졌고
7일째 되는 날 비가 쏟아졌다.

물은 빈 곳을 채운 후에 흐른다.
결코 건너뛰지 않는다.

이 정도면 응답되어야 한다고 생각하지만
기다림이 채워져야 은혜가 흘러온다.

나아만 장군의 피부는 수많은 전투로 인해
상처와 흉터가 가득했을 것이다.
그런데 7번 몸을 담근 후

그의 살이 어린아이의 살같이
회복되어 깨끗하게 되었더라 왕하 5:14

상처 많은 본래의 모습이 아니라
아이의 살같이 더 좋은 모습이 되었다.

하나님은 우리가

기다리길 기다리신다.
상처 난 살이 아닌
어린아이의 살을 주시려고.

05 page_church

상처로 힘들어하는 자에게
하시는 말씀

쓴 삶은 쓰시는 삶이 된다.

요셉은 가족에 대한 상처가 있었다.
형들의 미움을 받아 노예로 팔려 갔다.
하지만 이집트의 총리가 되었고
흉년에 생명을 구하는 일로 쓰임 받았다.

그것을 선으로 바꾸사 오늘과 같이 많은
백성의 생명을 구원하게 하시려 하셨나니 창 50:20

한나는 비교에 의한 상처가 있었다.
아이를 낳지 못해서 늘 놀림당했다.
삭개오는 따돌림의 상처가 있었다.

아무도 그와 어울리려 하지 않았다.

하나님은 한나를 통해 사무엘을 쓰셨고
삭개오는 가난한 자들을 위해 쓰임 받았다.
하나님은 상처로도 일하신다.
예수님의 상처로 우리는 나음을 얻었다.

치유 안 된 상처 때문에 힘들 때가 있다.
사랑을 받아야 자라는데 상처를 받아
덜 자란 내 안의 아이가 화를 내고 걱정하고
미워하고 이별하게 하고 인정받으려 한다.

그것을 하나님께 맡기면
천국은 아이 같은 자의 것이라고 하셨던
사랑으로 축복하시고 사용하신다.

상처에게 이렇게 말하라고 하신다.

주가 쓰시겠다 하라 마 21:3

어린 나귀가 예수님의
예루살렘 입성에 쓰임 받았듯

어리고 부족한 모습도 쓰시겠다고 하신다.

하나님은 쓰심으로
쓴 삶을 치유하신다.

 06 page_church

가만히 계심의 은혜
(하나님은 왜 가만히 계실까)

고통 중에 있을 때
기다림이 오래될 때
기도해도 변하는 게 없을 때
내가 더 잘 믿고 더 실력 있는데
다른 사람이 더 잘 될 때

하나님은 왜 가만히 계실까
왜 일하지 않으실까라는 의문이 든다.

가만히 계시지 않는다면 어떻게 될까?

죄지을 때마다 가만히 계시지 않는다면,
내 의로 누군가를 판단하고 미워할 때
가만히 계시지 않는다면,
어리석은 우리가 생선이 아닌 뱀을 구할 때
가만히 계시지 않는다면.

가만히 계심에 감사해야 한다.

죄지을 때마다 바로 벌을 주신다면
심판을 면할 자가 아무도 없다.
십자가에 달리실 때 가만히 계시지 않았다면
구원받을 자가 아무도 없다.
아무것도 모르면서 구한 기도가
다 응답된다면 정말 위험하다.

일하심을 기대하며 가만히 있음도 믿음이듯
하나님의 시간에 따른 가만히 계심도 은혜다.

사과가 가만히 익어가듯,
놀이터의 아이가 옆에서 가만히 서 있는
엄마에게 무한한 안정감을 갖게 되듯,
아버지가 둘째 아들이 돌아올 때까지

늘 그 자리에서 가만히 기다렸듯
가만히 계심은 또 다른 일하심이다.

용서하심으로, 인내하심으로,
먼저 갈 길을 예비하심으로
우리 눈에 보이지 않을 뿐 늘 일하신다.

가만히 계심으로
열심히 하심으로
늘 쉬지 않으신다.

 07 page_church

고난이 시작될 때
물으시는 하나님

군인교회 담임을 자비량으로
시작했을 때 교회 통장에는 교회 운영비와
간식비 5,6개월 치밖에 없었다.
그리고 난 수입이 없었다.

처음 잔액을 확인한 날 현실적 어려움에서
어떻게 버틸 수 있을지 앞이 막막했다.

그런데 갑자기 이 상황에서
말도 안 되게 말로 할 수 없는
평안함이 찾아왔고 모든 걱정이 사라졌다.
이 생각 때문이었다.

다 없어도 예수님 한 분만 있으면 만족해요.

'예수님이 어떻게 해주시겠지'가 아니었다.
'예수님 한 분으로 만족합니다'였다.

고난이 시작될 때 하나님이 물으신다.
이 상황을 이길 수 있겠니
여기서 기적을 만들 수 있겠니가 아니라

이 상황에서도 날 떠나지 않을 수 있겠니?
어려움 속에서도 변함없이 기도할 수 있겠니?
모든 것 잃어도 나 하나로 만족할 수 있겠니?
말씀과 인도하심에 순종할 수 있겠니?

이 물음에 예라고 답할 수 있다면
하나님은 큰 은혜로 화답하신다.

진짜 믿음은 기적을 만들어내는 것이 아니라
기적이 없어도 변함없이 신뢰하는 것이다.
이것이 기적보다 더 기적 같은 믿음이다.

그 후 군인교회는
어려운 군인들에게 장학금을 지급할 만큼
부대에 카페를 차려줄 수 있을 만큼
여러 선한 일들을 할 수 있을 만큼
마르지 않는 은혜를 받았다.

기적이
기적 같은 믿음을 만들지 않는다.

기적 같은 믿음이
기적을 만들어낸다.

page_church

나는 이중직 목사였다
(목사의 비정규직 체험기)

이중직 목사는 목회 외의 직업을 가진 목사다.
군인교회 담임 시절, 군인들에게 빵과 피자와
치킨을 나눠주기 위해서는 주중에 돈을 벌어야만 했다.

그래서 독서지도사 자격증을 땄고
한 대학교에서 저소득층 주민을 위해 개설된
수업의 강사로 일했다.

나의 재능으로 누군가를 돕는다는 건
정말 보람되고 소중한 일이었다.

그런데 더 보람된 것이 있었다.
난 계약직이었다.

난 사춘기도, 수능도 경험했다.
대학과 알바와 군대도 경험했다.
그래서 사춘기 중학생, 입시생, 대학생,
알바생, 군인을 이해할 수 있었다.
하지만 사회생활은 경험할 수 없었다.

그래서 가장 보람된 것은
평신도의 삶을 경험했다는 것이다.
하지만 보람됐다고 달콤한 건 아니었다.
쓰고 썼다.

그동안은 성경으로만 성도들의 삶을 읽어내려 했다.
그것만이 성도의 삶을 해석하고 조언하고
판단할 수 있는 유일한 장치였기 때문이다.

하지만 노동법이 나의 현실이 되었고
비정규직, 연차 쓰기, 실업급여, 4대 보험,
눈치보기, 살아남기, 험담 참아내기,
그 와중에 그리스도인 모습 유지하기,
그 와중에 틈틈이 교회일 챙기기가
나의 현실이 되었다.

그것이 정말 감사하다.
성도들이 일터에서
어떤 감정과 경험을 느끼고 살아가는지
공감이 아니라 직접 느끼게 되었다.

주중에 일을 하며 유일하게 쉴 수 있는 주말에
교회 나가는 것이 얼마나 어려운 일인지를.

힘들게 간 쓸개 다 떼어가며 비굴한 가면,
뭐든 다 괜찮다고 끄덕거리는 가면을 쓰고
번 돈에서 무려 십분의 일을 뗀다는 것이
얼마나 대단한 믿음인지를.

계약직은 곧 깨어질 살얼음판 같은
불안한 미래를 앞두고 있음을
수시로 떠올리게 한다는 것을.

2년이 끝나면 실업급여를 받으며
전공과 상관없는 자격증을 따고
젊지 않은 나이에도 이력서를 찔러본다는 것을.

주중에 아이들 심방을 가고 토요일에 예배를 준비하던

교사들의 수고가 정말 귀했음을,
수련회, 성경학교를 위해 연차를 쓰는 것이
절대 당연한 것이 아니었음을.

미친 것 같은 사람들이 너무 많다.
상사든 고객이든 동료든 미친 이들이 있다.
이들에게 시달리다가 교회에 왔는데
목사도 미친 것 같으면 너무 지친다는 것을.

목사라도 자기 위치에서 본연의 모습을
보여주는 것 자체가 큰 위로가 될 수 있음을.

목회와 전혀 상관없어 보이는
사회생활이 가장 귀한 목회적 자산이 되었다.

주중에 평신도의 삶을 살다가
그 삶을 고스란히 들고 주일에 교회를 가면
목사와 성도 경계의 어느 지점에
서 있는 사람이 되었다.

그 지점에서 성경을 보고 기도를 하고
하나님과 소통했다.

내 안에 성도 신재웅이 묻고
목사 신재웅이 답을 내리고
그것을 설교에 녹여내려고 노력했다.

성도들의 삶은 생존이었다.
살아냄으로 살아남기였다.

그런데 믿음은 생활이라고 부른다.
생활이 생존을 어떻게 이길 수 있을까.
생존 중에 생활을 먼저 하기가
얼마나 어려운지를 알았다.

생활이 생존을 이길 수 있는 이유는
그들에게 믿음은 생활이 아니라 생명이기 때문이다.

생명을 주신 하나님이 그들에게
생명과 같았고 그것이 생존을 초월하게 한다.
생명이 있어야 생존도 가능하다.

힘들었지만
평생 못했을, 평생 몰랐을
이런 경험을 주신 하나님께 감사했다.

다 하실 수 있지만
안 하시는 이유

모든 것을 다 할 수 있다고 하시지만
기도를 들어주지 않고 고난이 있는 이유는
무능력하시기 때문일까?

모든 것을 할 수 있는 능력보다
더 큰 능력이 있기 때문이다.

할 수 있는 것을 안 할 수 있는 능력이다.

빨리 운전할 수 있는 능력이 있지만
법에 따라 안전하게 달리는 것이
운전을 더 잘하는 것이다.

할 수 있는 것을
제어하는 능력이 더 큰 능력이다.

죄를 지을 때마다 교만할 때마다

벌을 주실 수 있지만 더 큰 능력이 있다.
그것을 안 하실 수 있는 능력이다.

모든 사람이 모든 것을 할 수 있도록
완벽하게 만들 수 있지만 더 큰 능력이 있다.
그것을 안 하실 수 있는 능력이다.

모든 걸 다 할 수 있지만
하나님의 성품과 계획에 안 맞으면 안 하신다.

내 뜻과 내 기도대로 안 하고 계신다면
더 큰 계획이 이루어질 것이다.
더 큰 능력을 보여주고 계시기 때문이다.

예수님이 잡히실 때 하늘의 군대를
부를 수 있는 능력이 있으셨지만
그걸 안 할 수 있는 능력을 보이셨다.
그래서 온 세상을 구원하는 큰 뜻을 이루셨다.

우리도 더 큰 믿음을 가져야 한다.
안 하는 믿음이다.

죄를 지을 수 있지만 안 짓는 믿음.
원망할 수 있지만 원망하지 않는 믿음.
흔들릴 수 있지만 흔들리지 않는 믿음.
미워할 수 있지만 미워하지 않는 믿음.
내 뜻대로 하고 싶지만 하나님 뜻대로 하는 믿음.

안 하시는 큰 능력은
안 하는 큰 믿음으로
경험할 수 있다.

 page_church

아프면
알게 되는 것들

삶이 아프면 비로소 알게 된다.

다른 사람도 이렇게 아팠던 거구나.
말씀이 이렇게 착 달라붙는 거였구나.
난 정말 아무것도 할 수 없구나.

하나님밖에 없구나.

아픔은 믿음의 시력이 떨어져
보지 못한 것을 선명하게 한다.

나는 떠나도 떠나지 않으시는 하나님.
내가 아플 때 함께 아파하시는 아버지.
나의 실패로 새로운 일을 만드시는 창조주.
나의 방황을 인도하심으로 바꾸는 선한 목자.

그래서 하나님의 자녀는
아픔도 은혜로 바꾼다.

난 정말 아무것도 할 수 없구나
하나님밖에 없구나

page_church

쉬지 않고
기도하는 법

기도할 게 많으면
기도를 쉴 수 없다.

기도할 게 많으려면
모든 것을 다 맡겨야 한다.

모든 것을 다 맡기려면
나는 아무것도 아님과
아무것도 못함을 인정해야 한다.

그래서 겸손한 사람은
쉬지 않고 기도할 수밖에 없다.

쉬지 않고 기도하는 건
기계적으로, 습관적으로, 시간적으로
기도의 양을 늘리라는 것이 아니라
모든 것이 하나님의 손 아래 있음을 인정하고
하나님께 겸손하라는 것이다.

기도의 목적은 기도의 양이 아니라
하나님과의 깊은 관계이기 때문이다.
이것이 진짜 응답이다.

특별하고 대단한 것만 기도하는 것이 아니다.
모든 것이 다 맡겨야 하는 것들이다.
그래야 쉬지 않고 기도할 수 있다.

기도를 멈추게 하는 것은
내 뜻과 내 힘으로 하려고 하는 교만함이다.

하나님 앞에서의 겸손함은
멈추지 않는 기도의 연료다.

쉬지 않고 기도할 때
쉬지 않는 하나님의 은혜를
쉬지 않고 경험할 수 있다.

종일 수고한 자에게
자기 전 주시는 말씀

공부로, 일로, 준비로, 쉼으로 바쁘게
수고한 우리는 수고의 열매를 맺기 위해
자기 전 마지막 수고를 해야 한다.

내일의 하나님의 일하심을 기대하며
전부를 맡기고 안심하는 것이다.

여호와께서 집을 세우지 아니하시면
세우는 자의 수고가 헛되며
여호와께서 성을 지키지 아니하시면
파수꾼의 깨어 있음이 헛되도다 시 127:1

하나님이 세우시며 지키시기를 맡기는 자는
오늘의 수고가 헛되지 않는 은혜를 받게 된다.

여호와께서 그의 사랑하시는
자에게는 잠을 주시는도다 시 127:2

그래서 내일이 두려운 오늘의 밤,
안심하고 잘 자라고 하신다.

이스라엘을 지키시는 이는
졸지도 아니하시고 주무시지도 아니하시리로다 시 121:4

우리가 자는 동안에도
지켜주시기 위해 늘 깨어 계시고
미리 가셔서 장막 칠 곳을 찾으신다.

내가 누워 자고 깼으니
여호와께서 나를 붙드심이로다 시 3:5

대적이 많은 상황에서 다윗은 평안하게 누워 잤다.
하나님이 지켜주셨기 때문이다.

그 곳의 한 돌을 가져다가
베개로 삼고 거기 누워 자더니 창 28:11

형을 피해 도망치다 잠든 야곱에게
하나님은 지켜주실 것을 약속하셨다.

오늘 열심을 내게 하신 하나님이
내일 열매를 맺게 도우실 것이다.

전심으로 맡기면 안심할 수 있다.

 13 page_church

예배를 통해
짐을 내려놓는 법

짐에 집중하지 않고
예배에 집중해야 한다.

짐을 들고 오라고 하셨다.

수고하고 무거운 짐 진 자들아
다 내게로 오라 내가 너희를 쉬게 하리라 마 11:28

그런데 내려놓는 방법이 이상하다.

나의 멍에를 메고 내게 배우라 마 11:29

짐을 내려놓으라고 하셔놓고
예수님의 멍에를 들라고 하신다.

컵을 들고 있다가
책을 들려면 컵을 내려놔야 한다.
짐을 들고 있다가 예수님을 붙잡으면
짐은 자연스럽게 내려놓게 된다.

그런데 하나를 내려놓고
하나를 들었으니까 제자리 아닐까?

내 멍에는 쉽고
내 짐은 가벼움이라 마 11:30

예수님의 짐은 가볍다고 하신다.
예수님의 말씀을 붙잡고
예수님의 삶을 따라 살면
하나님이 도와주시기 때문이다.

나와서 짐을 내려놓으라고 하셨으니

예배 내내 설교 내내 찬양 내내 기도 내내
'짐을 들어주세요'. '문제를 맡아주세요'라고
짐만 생각하면 계속 짐을 들고 있는 것이다.

예배 시간에 하나님을 꼭 잡고
말씀을 붙잡고 예수님의 삶을 더 들어야 한다.

짐에서 해방되는 방법은
짐을 내려놓은 것이 아니라
하나님을 꼭 잡는 것이다.

이런 사람이
되게 하소서

골리앗 같은 큰 문제 앞에서
다윗처럼 당당하길.

사람의 미움과 오해 앞에서
다니엘처럼 담담하길.

보이지 않는 앞날 앞에서
아브라함처럼 단단하길.

이런 사람 되기 위해서
하나님이 다 담당하시길.

15 page_church

내 선택을
하나님께 인정받는 법

이걸 선택해도 될까. 이걸 계속해도 될까.
내가 정한 길이 맞을까. 다른 길이 있는 걸까.

선택을 앞에 두고 선택의 결과가
어떨지 몰라 신중하고 두렵다.

괜찮다는 말을 듣고 싶다.
이 선택을 해도 새로운 걸 시작해도
지금 일을 계속해도 지금 잠깐 그만두어도
이 길을 똑같이 가본 사람이 있어서
가보았더니 괜찮았다는 말을 듣고 싶다.

우리 삶의 처음과 끝을 다 아시는

하나님은 뭐라고 말씀하실까.

물 위를 걸으려는 베드로에게
발을 내디뎌도 괜찮을 거야라고 하신다.
형을 피해 먼 길을 떠난 야곱에게
다 괜찮아질 테니 괜찮다고 하신다.

핍박을 피해 사마리아로 도망치던 빌립에게
나병에 걸려 치료를 위해 출발한 나아만에게
배를 짓고 오지 않는 비를 기다리던 노아에게
들릴라에게 속아 블레셋에 붙잡힌 삼손에게
괜찮아질 거야라고 속삭이셨을 것이다.

베드로는 물 위를 걸었고
야곱은 집에 돌아와 형과 화해했다.

빌립은 사마리아를 부흥시켰고
나아만의 썩은 살은 아이 같은 살이 되었고
노아는 칠 일 후에 홍수가 오는 것을 보았고
삼손은 마지막 힘을 받아 블레셋을 이겼다.

모두 최고의 결과를 만든 괜찮은 선택이었다.

어떻게 괜찮은 선택이 되었을까.

베드로는 물 위로 오라는 말씀에 순종했고
야곱은 하나님의 함께하심을 잊지 않았다.

빌립은 힘든 상황에서도 예수님처럼 살았고
나아만은 말씀대로 강에 몸을 일곱 번 담갔고
노아는 신뢰함으로 배를 짓고 비를 기다렸고
삼손은 죽는 순간까지 하나님과 함께했다.

하나님이 인정하시는 자는
하나님을 인정하는 자다.

말씀대로 살아가며 믿음을 지켜내며
어디를 가도 하나님과 함께 가면
어떤 선택이든 하나님이 괜찮다고 하신다.

하나님이 이루신다고 하신다.

아프고 지칠 때
가져야 하는 믿음

엄마는 치유 은사가 있다.
아픈 몸을 위해 기도하면 깨끗하게 낫게 된다.

그래서 우리 가족은 아플 때마다
엄마한테 기도를 요청했다.

그런데 똑같이 기도를 해도
가장 잘 응답되는 사람은 아빠였다.

감기에 걸려도 장염에 걸려도
가장 빠르고 가장 깨끗하게 나았다.

이유를 알게 되었다.
아빠는 엄마의 기도가
분명히 응답된다고 일말의 의심 없이

백 퍼센트 확신하셨다.

할 수 있거든이 무슨 말이냐 믿는 자에게는
능히 하지 못할 일이 없느니라 ^막 9:23

엄마의 간절함과 아빠의 확신함이
하나님의 전능하심을 경험하게 했다.

간절하게 기도해야 한다.
의심 없이 확신해야 한다.

 page_church

기도한 것보다
더 좋은 응답 받는 법 2

가나의 혼인잔치가 멈출 위기가 왔다.
가장 중요한 포도주가 떨어진 것이다.
그때 예수님이 손 씻는 물을
더 좋은 포도주로 바꾸셨다.

원래의 포도주를 기대했지만

더 좋은 포도주를 만드셨다.
우리가 원상 복귀, 현상 유지를 원할 때
하나님은 그 위기로 더 좋은 것을 주신다.

이 일이 일어나기 위해
반드시 필요했던 과정이 있었다.

항아리에 물을 채우라
하신즉 아귀까지 채우니 요 2:7

이제는 떠서 연회장에게 갖다주라
하시매 갖다주었더니 요 2:8

포도주가 필요한데 물을 채우라는 말씀,
포도주가 필요한데 물을 갖다주라는 말씀,
이해할 수 없는 말씀에 순종해야만 했다.

하인들은 항아리에 물을 채웠고
그 물을 떠서 갖다주었다.
순종이 완성되었다.

그리고 기적이 완성되었다.

순종은 어렵다.
하지만 내 힘으로 위기를
이기는 것은 더 어렵다.

하나님의 능력 행하심은
하나님의 뜻을 행할 때 경험된다.

18 page_church

내가
뭐라고

사람이 무엇이기에
주께서 그를 생각하시며
인자가 무엇이기에
주께서 그를 돌보시나이까 시 8:4

내가 뭐라고 사랑하실까.
죄 많고 약하고 나약한
내가 뭐라고 생명도 주셨을까.
내가 뭐라고 하나님의 자녀일까.

내가 뭐라고 교만했을까.
다 주신 건데, 다 주님 건데
왜 하나님 앞에서 사람 앞에서

내가 뭐라도 되는 것처럼 굴었을까.

나는 아무것도 아닌데
나는 아무 자랑도 없는데
나는 아무 믿음도 없었는데
이런 내가 뭐라고 십자가에서 죽으셨을까.

이런 내가 뭐라고 사랑하실까.

그 완벽한 사랑 앞에
그 위대한 전능 앞에
겸손하게 엎드려 뭐라도 해야 한다.

더 순종하고 더 낮아지고
더 감사하고 더 예배하고
더 사랑하고 더 섬겨야 한다.

그래도 다 못 갚지만
그 뭐라도 하는 것도 아름답다 하신다.

성공적으로
온라인 예배 드리기

성공의 기준은 목적의 달성이다.
예배의 목적을 알면 온라인 예배도
하나님이 받으시는 은혜로운 예배가 될 수 있다.

예배는 은혜받기 위해 드리는 것이 아니라
하나님을 높이기 위해 드리는 것이다.

은혜받는 예배가 되려면 조건이 많다.
딱 맞는 말씀, 좋아하는 찬양, 위로와 감동.

하지만 예배 성공의 조건은 단 하나다.
하나님 높이기

창조주 하나님, 구원자 하나님,
아버지 하나님, 왕이신 하나님을
피조물로, 자녀로, 소유된 자로
겸손하게 높이는 것이다.

가장 큰 은혜는 하나님을 높일 때 받는다.
그래서 겸손한 사람은 언제나 예배를 성공시킨다.

그리고 예배드린 후의
삶의 변화로 예배의 성공을 알 수 있다.

온전한 예배를 드린 자는 선포된 말씀을
삶으로 옮겨 하나님과 이웃을 더 사랑하고
더 감사하고 더 순종하고 더 선해지고
옛 삶을 버리고 새 삶을 살아
더 예수님을 닮은 삶으로 변화된다.

예배드리는 중에 하나님을 높이고
예배드린 후에 하나님이 보시기에
좋은 모습이 되었다면 성공적인 예배를 드린 것이다.

그래서 예배드리기 전
온전한 예배가 되게 해달라고
기도로 준비해야 한다.

하나님
너무 두렵고
걱정됩니다

두려움의 반대는
용기가 아니라 크기다.
두려움은 크기 차이로 인해
만들어지기 때문이다.

나는 작고 아무것도 할 수 없을 때
나보다 크고 강한 문제를 만날 때
두려움과 무력감을 느끼게 된다.

그래서 아무리 용기가 커도
두려움을 가릴 뿐 없앨 수는 없다.

두려움을 이기는 방법은
하나님께 도망치는 것이다.

가장 크고 위대하신 하나님.

세상을 창조하시고 죽음도 이기신
가장 강한 능력의 하나님이
나의 아버지 되심을 확신하며
그분의 사랑과 도움 안에 거할 때
두려움에서 자유할 수 있다.

예수님이 폭풍을 이기고 귀신을 내쫓고
십자가의 고난과 죽음도 이기신 것은
용감해서가 아니라 가장 크신 하나님이기 때문이다.

우리가 두려워할 대상은
가장 크신 하나님뿐이다.

하나님의 크심을 인정하는
작은 자가 두려움을 이긴다.

하나님께
가장 크게 들리는 기도

예전에 고등부 아이한테
새벽에 전화가 와서 깜짝 놀랐다.
무슨 일인지 걱정하며 받았는데 더 놀랐다.
아무리 불러도 아무 말도 안 했기 때문이다.
얼마 지나서 전화가 끊어졌다.

바로 다시 전화가 왔다. 또 아무 말이 없다.
사고를 당했나, 납치를 당했나, 다쳤나.
분명히 무슨 일이 생겼다는 생각이 들었다.

자세히 들으니 작은 소리가 들렸다.
작은 말소리였는데 그걸 들으려고 엄청 귀를 기울였다.

다시 전화가 끊어졌고 너무 걱정돼서 직접 걸었다.
그쪽에서 바로 전화를 받았다.
야! 목사님이야!
그쪽에서 이렇게 말했다.

목사님 이 시간에 무슨 일이세요?

잘못 눌러서 잘못 걸렸다고 한다.

기도를 크게 못해도, 길게 못해도,
멋지게 못해도 기도하는 데 전혀 상관이 없다.
작은 소리여도 부족한 언변이어도
무슨 말을 할지 몰라도 귀를 기울여주신다.

아무 말 안 해도 하나님은
무슨 말을 하려는 걸까, 무슨 일이 있는 걸까
작은 소리도 놓치지 않기 위해 집중하신다.

기도는 소리보다
마음이 커야 한다.

큰 소리로 기도하든
작은 소리로 기도하든
간절함이 커야 한다.

기도는 소리보다
마음이 커야 한다

22 page_church

오늘을
버티는 기도

믿음이 없었다면 어떻게 살았을까 하는
하루하루를 보내고 있습니다.
사람들의 비정함과 현실의 냉정함 속에
오늘도 혼자로 살았습니다.

아무것도 안 해도
마음은 걱정으로 시끄럽습니다.
아무리 그래도 아무도 모르고
세상은 아랑곳없습니다.

혼자임을 알게 될 때
하나님이 더 보입니다.

저의 약한 믿음은 하루치의 힘을 받아
오늘 하루를 순간 단위로 버텼습니다.

힘든 현실이 아니라
무너지려 하는 나를 버텼고
놔버리려 하는 나를 버텼습니다.
나를 향한 단호함으로 또는 비정함으로,
때론 기계적인 참음으로, 습관적인 무딤으로.

버티는 나를 버텨주는 건 하나님입니다.

그렇게 하루하루 주시는 은혜로 살아갑니다.
그래서 하나님이 없으면 하루도 못 삽니다.

나를 불쌍히 여기소서.
은혜를 보태서 버티게 하소서.

지나야 아는 주의 뜻
지나기 전에 아는 법

지나고 보면 안다.
고통이 은혜였고 힘듦이 감사였고
다 하나님의 계획이었다는 걸 알게 된다.

왜 내 뜻대로 안 됐는지 왜 그렇게 하셨는지
지나야 하나님의 뜻이 있었음을 알게 된다.

미리 알고 있으면 얼마나 좋을까?
지나기 전에는 어떤 뜻이 있을까?

견디고 버티라는 것이다.
붙들리고 기다리고 인내하고
떠나지 말고 순종하라는 것이다.

하나님의 뜻이 선명히 드러날 때까지
끝까지 떠나지 않고 인내하는 사람만이
그 뜻과 은혜를 알게 되기 때문이다.

아브라함은 떠나라는 말씀에
어디로 가는지 알지도 못한 채 순종하며 나아갔다.
그래서 결국은 약속하신 땅에 들어갔다.
일이 지나고 나서야 예비하신 곳을 알았다.

지나기 전에 순종하지 않고 못 기다렸다면
예비된 은혜를 경험할 수 없었을 것이다.

버티는 자에게는 은혜가 있다.
붙들려 있는 자에게는 감사가 있다.
안 떠나는 자에게는 계획이 이루어진다.

 page_church

참을 수 없는데
참는 것밖에 없을 때

이렇게 아파도 참는 게 맞나.
언제까지 참아야 할까. 이것까지 참아야 할까.

참는다는 건 유리조각을 삼키는 것 같다.
안 참으면 감당할 일들과 수습해야 하는
감정의 문제가 더 힘이 들까 봐 겁이 난다.
참을 수 없는데 참을 수밖에 없다.

하지만 인내하기엔 한계가 있고
순응하기엔 납득이 안 된다.
어떻게 잘 참을 수 있을까.

참음을 참을 수 없을 때는 사랑해야 한다.

상식적이지 않은 상황과
부조리한 사람을 사랑하고
삶을 주관하시는 하나님과 내 삶을
그대로 긍정하고 사랑할 때 잘 참을 수 있다.

그렇게 하는 것이 마음을 평화로 보호하고
온유로 온전하게 하는 방법이라고 하신다.

사랑할 수 있는 마음은 하나님이 주신다.
사랑하려고 마음만 먹으면 된다.

"여기까지 잘 왔구나. 지금까지 잘 버텼구나.
더 힘들어진 상황을 인내와 순응이라는
부대에 넣을 수는 없단다.
사랑이라는 새 부대에 넣으렴.
사랑의 마음은 내가 줄게."

하나님도 십자가의 고통을
우리를 향한 사랑으로 참으셨다.
인간의 더러운 죄와 쌓인 악을
우리를 향한 사랑으로 참으셨다.

사랑은 모든 것을 참으며 모든 것을 믿으며
모든 것을 바라며 모든 것을 견디느니라 고전 13:7

참음의 끝에 참된 영광이 있을 것이다.

시험을 참는 자는 복이 있나니 약 1:12

오늘도 힘들었고
흔들렸습니다.

2부

25 page_church

들으면 잘 들리는
하나님 음성

청각장애를 안고 태어난 아기가
보청기를 통해 처음으로
엄마 목소리를 듣게 되었다.

엄마 목소리에 아기는
행복한 웃음을 짓는다.

하나님도 우리에게 늘 말씀하고 계신다.
믿음의 귀를 열고 그 음성 듣길 원하신다.

혼자라고 생각될 때
어디로 가든 절대 떠나지 않는다. (수 1:5)

실수를 반복할 때
흠잡을 데가 하나도 없구나. (아 4:7)

미래가 불안할 때
나의 계획은 재앙이 아니라 희망이다. (렘 29:11)

걱정이 밀려올 때
두려워하지 말며 놀라지 말라. (수 1:9)

뭘 해야 할지 모를 때
늘 기뻐하고 늘 기도하며
모든 일에 감사하라. (살전 5:16–18)

자아를 찾고 싶을 때
내 사랑하는 자요 내 기뻐하는 자라. (마 3:17)

가치가 없다고 느껴질 때
귀하고 귀하고 가장 귀하다. (마 6:26)

하나님과 멀어졌을 때
너의 죄를 안개처럼 지웠다. 돌아오라. (사 44:22)

아무도 내 마음 몰라줄 때
그 마음 내가 똑같이 느끼고 있단다. (히 4:15)

실패했을 때
끝이 아니야. 과정이야. (요 11:11)

때로는 은밀함으로 때로는 속삭임으로
때로는 외치심으로 늘 말씀하신다.

일상으로 대화로 성경으로 설교로
만남으로 마음으로 들으면 잘 들린다.

그 음성 들을 때 고난 중에도 웃을 수 있다.

들을 귀 있는 자는 들을지어다 눅 8:8

하나님을
사랑하면 달라지는 것

성공에 가치를 둔 사람은
성공하기 전까지 자신을
가치 있다고 여기지 않는다.

성적에 가치를 둔 사람은
성적이 오를 때까지
자신에게 가치를 두지 않는다.

자기 스스로를
늘 모자라고 부족하다고 생각하고
늘 긴장하고 조급해하며 살아간다.

하지만 진짜 가치는
목적에 맞게 살아갈 때 찾을 수 있다.
하나님은 성공하라고, 공부 잘하라고
우리를 만들지 않으셨다.

하나님을 사랑하라고,
그래서 말씀대로 살아가라고 지으셨다.

지금 부족하고 실패해도
남들보다 조금 느리고 연약해도
하나님을 사랑하고 있다면
보석처럼 가치 있는 삶이다.

하나님의 변함 없는
사랑을 받고 있기 때문에
우리는 이미 가치 있다.

하지만 우리도
하나님을 사랑한다면
더 빛나고 더 의미 있고
더 가치 있어진다.

오늘 더 가치 있자.

오늘 더 하나님을 사랑하자.

달라도 너무 다른
하나님 2

밀 타작하던 농부 기드온에게
큰 용사여라고 부르신다. (삿 6:12)

풍랑을 두려워하는 베드로에게
물 위를 걸을 자라고 부르신다. (마 14:29)

바다에 던져진 요나에게
이제 내 품에 들어온 자라고 부르신다. (욘 1:17)

38년 동안 누워 있던 병자에게
일어나 걸을 수 있는 자라고 부르신다. (요 5:8)

보리떡 다섯 개와 물고기 두 마리를
오천 명이 먹어도 남는 양식이라고 부르신다. (요 6:11)

죽은 나사로에게
자고 있는 자라고 부르신다. (요 11:11)

애통하는 자에게
위로의 복을 얻을 자라고 부르신다. (마 5:4)

광야의 도망자 모세에게
광야의 인도자라고 부르신다. (출 3:10)

게달의 검은 장막에게
솔로몬의 휘장이라고 부르신다. (아 1:5)

죄로 멸망받을 우리에게
내 생명을 버릴 만큼 사랑하는 자라고 부르신다. (요 3:16)

하나님의 시선은 달라도 너무 다르다.

상황에 넘어지고 현재가 초라해도
상처에 아파하고 미래가 불안해도
우리에게서 하나님 생명만큼의 무한한 가치를 보신다.

철은 구부러져도 무게는 여전하다.
꽃은 젖어도 향기는 여전하다.

하나님의 여전한 사랑으로

우리의 가치는 여전하다.

나를 보는 하나님의 다른 시선.
그 다름이 옳음이다.

28 page_church

덜 준비 됐을 때
더 주시는 은혜 2

3년 동안 군인교회 목회를 했었다.
가기 일주일 전에 결정이 됐고
당연히 목회를 위한 집, 돈, 차,
아무것도 준비 안 된 상태였다.

무의 상태로 목회를 시작했고
험난한 시간이 예상됐다.

하지만 무에서 창조하셨듯
하나님은 미리 예비하신 은혜들을
때에 맞춰 하나씩 꺼내놓기 시작하셨다.

이미 다 준비해놓으시고

나의 순종을 기다리고 계셨던 것이다.

다윗은 양을 치다가 기름부음을 받았다.
베드로는 물고기 잡다가 예수님을 만났다.
모세는 산을 오르다가 리더가 되었다.
왕, 제자, 리더가 될 준비도, 상황도
안 되었지만 갑자기 변화되었다.

그물 던지라 하심에 일단 던졌고
가라 하심에 일단 갔던 순종을 했을 뿐이다.

깊은 곳에 그물을 던지라는 것은
많은 물고기를 준비하셨다는 것이다.
이집트를 탈출하라는 것은
가나안을 예비하셨다는 것이다.
요단강에 발을 담그라는 것은
물의 끊어짐을 준비하셨다는 것이다.

능력과 시간과 마음과 상황이
준비되지 않아 주저될 때
일단 하는 순종의 믿음
단 하나 준비하면 준비한 것 다 주신다.

가라고 하실 때는
준비해놓으셨다는 것이다.
하라고 하실 때는
하나님이 다 하신다는 것이다.

 29 page_church

부족한 믿음이
부러운 이유

아빠는 엄마의 열정적인 믿음을 부러워한다.

"아빠는 엄마처럼 방언 기도도 못하고
뜨겁게 기도도 못해. 신유 은사도 없어.
아빠도 엄마처럼 뜨거운 체험해보고 싶어."

그런데 난 아빠의 믿음이 더 대단한 것 같다.

뜨거운 체험 한 번 없이도 목회자가 아님에도
교회 건축을 위해 전 재산을 다 바쳤고

네 명의 자녀 중 두 명이 목회를 하게 했고
빚 늘고 형편이 어려워도 믿음을 포기한 적 없다.

그렇게 80년 동안 신앙생활을 했는데도
여전히 자기 믿음이 부족하다며
뜨거운 믿음 갖기를 사모하고 있다.

특별하고 희귀한 경험 때문이 아니라
하나님과의 관계 하나로 그렇게 했다.

나를 보지 않고도
믿는 사람은 복이 있다. (요 20:29)

아무 증거 없어도 하나님 한 분으로
믿는 믿음이 가장 귀하다고 하신다.

부족함을 느끼며 부러워하는 믿음.
부럽다고 말할 줄 아는 믿음.

나는 그 부족한 믿음이 부럽다.

하나님은 내 기도를
안 들어주신다

힘든 것도 힘이 들지만
내 힘듦을 외면하시는 것 같은 서운함이
더 힘들고 이유가 있을 거라 생각은 해도
이유를 알 수 없는 막막함이 더 힘들다.

하나님은 어디 계실까.
꺼진 전화기에 말하듯
기도해도 허공만 치는 것 같다.

가진 것 중에 기도해서 받은 것보다
기도 안 해도 주신 게 더 많음을 알아야 한다.
그만큼 모든 걸 위해 기도하지도 않는다.

기도를 안 해도 보이지 않는 곳에서
일하시고 챙기시고 도우신 것이
너무 많음을 발견해야 한다.

이미 받은 것들을 바라보면
받지 못한 것들이 보이지 않는다.

받지 못한 것은 유한한 것이지만
받은 것은 무한한 사랑이었다.

가진 것 중에 기도해서 받은 것보다
기도 안 해도 주신 게 더 많음을 알아야 한다

받지 못한 것은 유한한 것이지만
받은 것은 무한한 사랑이었다

31 page_church

어디로 가야 하죠
하나님

하나님이 세상을
창조하실 때 공식이 있었다.

새를 만드실 때
'새야 나타나라'가 아닌 "새야 날아라",
나무를 만드실 때
'나무야 만들어져라'가 아닌 "열매를 맺어라",
별을 만드실 때
'별아 나타나라'가 아닌 "별아 빛나라"라고 말씀하셨다.

하나님은 이 세상을 목적을 주시며 만드셨다.

사람을 창조하실 때도 목적으로 하셨다.

생육하고 번성하여 땅에 충만하라,
땅을 정복하라, 바다의 물고기와
하늘의 새와 땅에 움직이는
모든 생물을 다스리라 창 1:28

하나님의 선한 뜻을 담아
이 세계를 하나님처럼 잘 다스려서
하나님나라를 이루어야 한다는
목적으로 만들어졌다.

창조의 공식이 또 있다.

둘째 날 하늘을 만드시고
넷째 날 하늘을 밝혀줄 해와 달을 만드시고
다섯째 날 하늘을 나는 새를 만드셨다.

셋째 날 땅을 만드시고
그다음 땅에 사는 풀과 나무를 만드시고
여섯째 날 땅에 사는 짐승과 사람을 만드셨다.

셋째 날 바다를 만드시고
다섯째 날 바다에 사는 물고기를 만드셨다.

있어야 할 곳을 만드신 후
있어야 할 것을 만드셨다.

새를 만들기 전 하늘을 만드시고
물고기를 만들기 전 바다를 만드시고
나무를 만들기 전 땅을 만드셨다.

목적만 주신 것이 아니라 목적을 펼칠 수 있는
자리를 이미 만들어놓으셨다.
그럼 그 자리는 어디에 있을까?

그 자리는
내가 가는 것이 아니다.
나에게 찾아오는 것이다.

지금의 자리에서
하나님나라를 만들라는 목적대로 살아가면
예비하신 자리가 찾아오게 될 것이다.

목적을 놓친 아담은
에덴동산이라는 자리를 놓쳤다.

묵묵히 지금의 자리에서
더 사랑하고 더 전하고 더 선을 행하고 더 말씀대로 사는
하나님나라의 삶을 살아갈 뿐이다.

하나님나라라는 밑그림 없이는
그 어떤 그림도 없다.

먼저 그 나라와 의를 구할 때
미리 예비된 모든 것을 주실 것이다.

하나님이 알려주시는
일 많아도 잘하는 법

나무는
땅속의 수많은 것들 중에
오직 물만 빨아들인다.
하늘의 수많은 것들 중에
오직 빛에만 집중한다.

대기의 수많은 기체 중에
이산화탄소 하나면 된다.

그럼에도
꽃을 피우고 열매를 맺고
숲을 만들고 산소를 만든다.

자신의 모든 것을 증명하고
자신의 모든 것을 하기 위해
나무에게 필요했던 것은
모든 것이 아니었다.

모든 것을 하기 위해 필요한 건
모든 것이 아니다.

모든 것을 알고 모든 것을 열고
모든 것을 하고 모든 것을 가진
하나님 한 분만 내 안에 있다면
나를 위해 모든 일을 행하신다.

그럼 아무것도 없는 자 같으나
모든 것을 가진 자가 될 수 있다.

떨어진 꽃은 열매를 만든다.
떨어진 열매는 나무를 만든다.
베어진 나무는 종이를 만들고
잘려진 종이는 책을 만든다.

하나님은 떨어진 기쁨,
베어진 소망, 잘려진 계획으로도
모든 것을 하실 수 있다.

복 있는 사람은
시냇가에 심은 나무와 같다.
'오직' 여호와와 그의 말씀을 바랄 때
'모든' 일이 형통할 것이다. (시 1:1-6)

아무리 기도해도
마음이 불편할 때

기도하면 문제에서 자유해지고
평안해져야 좋은 믿음이라고 생각했다.
그런데 기도를 해도 평안함은 잠깐뿐이었다.
문제가 해결되지 않은 이상
아무리 기도해도 안 편할 것 같았다.

그래서 이게 무슨 믿음인가,
난 정말 믿음이 없구나라고 생각했다.

그런데 진짜 믿음은
문제 해결이 안 되고 평안해지지 않아도
하나님을 떠나지 않고 하나님께 꼭 붙어서
하나님을 믿고 말씀대로 사는 것이다.

우리의 삶을 구원하는 것은
평안함이 아니라 하나님이기 때문이다.

열심히 예배해도 고난이 여전할 수 있다.
말씀대로 살아도 상황이 바뀌지 않을 수 있다.
아무리 기도해도 평안해지지 않을 수 있다.

삶이 그렇다. 그게 삶이다.
그런 삶에서 하나님과 함께하는 것 자체가
가장 의미 있고 가치 있는 삶이다.

진짜 믿음은
평안함과 함께 사는 것이 아니라
하나님과 함께 사는 것이다.

page_church

예상 못한 일을
예비하신 일로

각자 삶의 리듬이 있다.
누구는 느리게 살고 누구는 빠르게 산다.
속도는 다르지만 각자 계획한 일들이
각자가 정해놓은 정박자에 일어나길 원한다.

그런데 엇박자처럼 예상치 못한 순간에
문제가 찾아오면 규칙적인 리듬의 균형이
깨어짐에 당황하고 불안해한다.

하지만 하나님은 최고의 연주가다.
엇박자로도 음악을 만드시는 분이다.

예상 못 한 일은
예비하심 안에 있기 때문이다.

삶의 악보는 하나님이 만드신다.
나에게는 엇박자지만 하나님께는 정박자다.

예상 못한 엇박자 속에서도
하나님을 찬양하면 예비하신
은혜를 경험할 수 있다.

예상 못한 일이 일어났다는 건
예상 못한 크기의 계획이 있다는 것이다.

하나님 도대체
왜 그러세요

하나님, 저의 한숨을 듣고 싶으신 건가요?

한숨으로 건져 올린 진심의 기도를 듣고 싶단다.

제가 궁지에 몰려 있는 걸 보고 싶으세요?

그곳에서 기다리고 있는 날 발견한 너를 보고 싶구나.

나에게 뭘 바라시는 거예요?

너의 기도를 듣고 싶어 한다는 것,
나를 발견하길 원한다는 걸 깨닫길 바란단다.
그래야 고난의 깊은 곳에 그물이 터질 듯한
은혜가 있다는 걸 알게 되니까.

고난 속에서 의미 없는 그물 던짐으로
무력감에 빠져 갈 때 보고만 계셨나요?

그 모습을 사랑스러워하며
물고기를 보내고 있었어.

하나님, 왜 이렇게 사는 게 힘들어요?

그걸로 내 십자가의 고난을 배울 수 있겠니?
부활의 영광도 경험하게 될 테니까.

하나님도
딴생각을 하신다

힘든 상황 때문에 열심히 기도하면
하나님은 자꾸 딴생각을 하신다.

죽은 나사로를 보시며
부활한 모습을 생각하셨다. (요 11:23)
성전에서 구걸하는 못 걷는 자를 보시며
걷고 뛰며 찬양하는 모습을 생각하셨다. (행 3:8)

겨자씨만한 믿음을 보시며
산을 옮기는 것을 생각하신다. (마 17:20)
나아만의 나병 들린 피부를 보시며
어린아이와 같이 된 피부를 보셨다. (왕하 5:14)

모두 폭풍을 보며 두려워할 때
잠잠해진 바다를 생각하셨다. (막 4:39)
개울의 작은 물맷돌을 보시며
거인을 쓰러뜨리는 장면을 생각하셨다. (삼상 17:40)
어린 소년 다윗을 보시며
최고의 왕의 모습을 보셨다. (삼상 16:12)
모두가 예수님의 죽음을 볼 때
삼 일 후에 부활하심을 생각하셨다. (마 28:6)

작고 약하고 죄 많고 믿음 없음을 보시며
창조주의 생명을 버릴 만큼 귀하게 보신다.

힘든 상황으로 힘들어하는 모습을 보시며
믿음과 은혜로 승리한 모습을 생각하신다.

다르지만 가장 옳은 생각을
따르는 게 가장 옳은 삶이다.

page_church

기도할 때마다
놀라게 되는 것

기도할 것들이 이렇게 많았구나
라는 사실에 놀라게 된다.

모든 것이 내가 아니라
하나님 손 아래 있는 일이고
모든 일이 다 기도할 수밖에
없는 것이었음에 놀라게 된다.

그보다 더 놀라운 건
그럼에도 기도를 전혀 안 하고
있었다는 사실이다.

기도를 안 한다는 것은

산소통 없이 물에 뛰어드는 것과 같다.
내 호흡으로는 몇 초 못 버티듯
내 힘으로는 전혀 감당할 수 없다.

필요할 때만 기도하자.
모든 순간이 하나님이 필요할 때다.

하나님 없으면
우린 정말 아무것도 아니다.

 38 page_church

약해져야만
받는 은혜가 있다

내가 얼마나 귀한지 약해지면 알게 된다.

이렇게 죄도 많고 초라하고 믿음도 없고
보잘것없는 나조차도 사랑하시는 걸 보면
내가 얼마나 하나님께 귀한지 알게 된다.

하나님이 얼마나 큰지 약해지면 알게 된다.

높아지는 것만 할 줄 아는 나의 탐욕,
나의 생각, 나의 교만에 가려졌던 하나님이
내 넘어짐과 낮아짐으로 선명하게 드러난다.

초라해졌을 때 귀한 자임을 알게 하시는
하나님의 은혜가 너무나 귀하다.
그 은혜가 실패해도 무너지지 않게 하고
답답한 일을 당해도 낙심하지 않게 한다.

작아졌을 때 크심을 드러내시는
하나님의 은혜는 너무나 크다.
그 은혜가 고난이 감사가 되게 하고
아무것도 없는 자 같으나
모든 것을 가진 자가 되게 한다.

넘어진 자리는
하나님이 떠난 곳이 아니라
하나님의 품이다.

약해져야만 받는 은혜가 있다.
약함도 은혜가 되게 하시는 은혜가 있다.

정 안 되면
그만해도 된다

온 힘을 다해도 안 되고
아무리 노력해도 안 되고
모든 방법을 써도 안 되면
이제 그만해도 된다.

내 힘으로 하려던 걸 그만하고
하나님께 맡기는 것을 하면 된다.

내 힘으로 안 되던 것이
하나님의 힘으로 되고
내 계획으로 안 되던 것이
하나님의 계획으로 된다.

내 노력으로 안 되던 것이
하나님의 능력으로 되고
모든 방법을 써도 안 되던 것이
하나님의 방법으로 된다.

밤새 물고기를 잡던 베드로는
자기 힘으로 하던 것을 그만하고
예수님의 말씀과 방법에 맡겼다.
그리고 많은 물고기를 잡게 되었다.

38년 동안 누워 있던 병자는
자기가 알던 방법을 그만 내려놓고
예수님의 말씀과 능력에 맡겼다.
그리고 걷지 못했던 자가 걷기 시작했다.

너희를 위하여 싸우시리니
너희는 가만히 있을지니라 출 14:14

정 안 되면 그만해도 된다.
잘 안 되면 가만히 있으면 된다.

여기까지 오느라 고생했다 하시며
이제 내가 하겠다고 하신다.
하면, 안 된다.
그만하면, 된다.

하나님, 왜 이렇게 사는 게 힘들어요?

그걸로 내 십자가의 고난을 배울 수 있겠니?
부활의 영광도 경험하게 될 테니까

40 page_church

오늘도 힘들었고
흔들렸습니다

늘 휘둘리고 흔들리며 산다.

아무리 다짐하고 열심히 기도해도
상황에, 세월에, 상처에, 사람에
마음이 흔들리고 믿음이 흔들리고
다짐도 흔들리고 계획도 흔들린다.

흔들려서 힘들었고 힘들어서 흔들렸다.
하지만 성장하는 모두는 흔들림이 있었다.

흔들리지 않음보다 더 강한 건
흔들려서 하나님께 붙들리는 것이다.

힘들지 않음보다 더 좋은 건
힘들어서 하나님이 생각나는 것이다.

넘어지지 않음보다 더 나은 건
넘어질 때 하나님께 엎드리는 것이다.
아프지 않음보다 더 강한 건
그 아픔으로 기도하는 것이다.

다 아는 것보다 더 지혜로운 건
잘 몰라서 하나님께 맡기는 것이다.
많이 가진 것보다 더 부요한 건
없어서 하나님께 하나님을 구하는 것이다.

비싼 것보다 더 귀한 건
예수님 핏값으로 산 우리다.

지금보다 더 나아지는 것보다 더 나은 건
지금 그대로 하나님께 나아가는 것이다.

하나님 안에서라면
힘들어도 안전하고 흔들려도 완전하다.

이런 믿음이
되게 하소서

현실이 믿음을 이끌지 않고
믿음이 현실을 이끌어 가길.

믿음이 마음에 휩쓸리지 않고
마음이 믿음에 변화되어 가길.

현실이 차가워도 식지 않고
마음이 무너져도 넘어지지 않고
형편이 가난해도 잃지 않는 믿음이길.

그 어떤 것에도 속박되거나 영향받지 않고
삶의 한가운데 우뚝 서서 방향을 알려주고
버팀목이 되어주고 지혜가 되어주길.

내 믿음의 부족함을 부끄러워하되
그래도 믿음밖에 없음을 확신하길.

그래서 힘겨운 삶을
주의 은혜가 안고 가길.

 42 page_church

부정적 감정을
막을 수 없을 때

부정적 생각이 계속 터져 나왔다.
원망했고 싫었고 불안했고 울분이 됐다.

괜찮은 거야, 좋은 거야.
아무리 긍정적으로 생각해도 막을 수 없었다.

그래서 하나님 생각을 했다.
안 좋은 생각을 이기는 건 좋은 생각이 아니라
하나님 생각이다.

하나님을 생각하면 감사하게 된다.
감사는 모든 부정적인 감정을 이긴다.

이긴다는 게 사라지게 한다는 것은 아니다.
사라질 때도 있지만 보통 같이 있다.
하지만 감사가 부정을 막고 있고
감사가 부정보다 더 크게 있어서
힘들고 어렵지만 무너지지 않게 하고
하나님을 붙들고 버틸 수 있게 한다.

감정이라는 대야에 감사로만
채워져 있지 않아도 된다. 그럴 수도 없다.
힘든 마음, 괴로운 마음, 원망의 마음, 감사의 마음,
기대의 마음, 상반되는 감정이 섞여 있어도
하나님과 붙어 있으면 된다.

그럼 힘들어도 하나님의 계획이
이루어질 때까지 버틸 수 있다.

감사는 찾아보면 어디에든 있다.
모든 곳에 숨겨둔 보물찾기다.
범사에 감사하라는 건 감사할 게
없어도 억지로 하라는 게 아니라
모든 것에 감사할 걸 주셨으니까 찾아보라는 것이다.

감사는 찾는 만큼 발견하게 된다.

'얼마나 주셨는가'가 아니라
'얼마나 찾았는가'의 문제다.

하나님 하기 나름이
아니라 나 하기 나름이다.

그래서 어떤 상황이든
치열하게 감사해야 한다.

안 좋은 상황, 안 좋은 생각을 이기는 건
좋은 생각이 아니라 좋으신 하나님 생각이다.

감사하지 못하는 상황에서도
감사하게 하시는 은혜를 주신다.

page_church

힘들 때 안 힘들게
하는 기도

힘들 땐 두 가지 기도를 한다.
힘들지 않게 해달라는 기도와
힘들게 하는 일이 없게 해달라는 기도다.

힘듦과 힘들게 함의
사라짐을 위해 기도하는 것이다.

힘들 땐 힘듦이 아니라
믿음을 위해 기도해야 한다.

힘들어도 기도하게 해달라고
힘들수록 순종하게 해달라고
힘들지만 감사하게 해달라고

기도해야 한다.

상황을 변하게 하시든 마음을 변하게 하시든
큰 힘을 보여주심과 큰 은혜를 부어주심으로
안 힘들게 하실 것이다.

힘듦의 크기보다 믿음이 더 크면 힘들지 않다.
가장 크신 하나님을 경험하기 때문이다.

 44 page_church

힘내지 않아도
괜찮다

힘을 내는 것도 힘이 필요하다.
정말 힘들 땐 힘을 낼 힘도 없는데
없는 힘을 모으려는 억지 때문에 더 지친다.

그래서 힘내라는 말보다 힘내지 않아도
된다는 말이 더 힘이 될 때가 있다.

하나님은 힘을 내라고 하지 않으신다.
힘을 주겠다고 하신다.

천사가 하늘로부터
예수께 나타나 힘을 더하더라 눅 22:43

예수님이 십자가의 고난을 앞두고 기도할 때
하나님이 천사를 보내셔서 힘을 더하셨다.

천사가 또다시 와서 어루만지며
이르되 일어나 먹으라 네가 갈 길을
다 가지 못할까 하노라 왕상 19:7

엘리야가 아합 왕에게 도망치다가
너무 힘들어서 하나님께 차라리 죽게 해달라고 한다.
그래서 하나님은 천사를 통해 힘을 주셨다.

아무것도 할 힘과 의욕이 없을 때
하나님은 우리에게 찾아와 힘을 주신다.

억지로 힘을 내지 않아도 괜찮다.
어차피 나의 힘은 약하기만 하다.

나의 힘이신 여호와여
내가 주를 사랑하나이다 시 18:1

나에게 사랑 주시고 힘을 주시는
하나님을 사랑하는 것이 나의 힘이다.

 45 page_church

힘들 때
힘을 빼

물에 잠겨 가듯
걱정에 빠지고 죄에 잠식되고
상황에 묻힐 때가 있다.

빠져나오려 발버둥을 쳐도
변하지 않는 모습에 실망하고
변하지 않는 상황에 절망한다.

잠수부는 숨을 깊게 마셔

몸을 풍선처럼 만들어 물에 떠오른다.

숨을 가득 채우듯
하나님을 내 삶에 채울수록
죄와 상처에 빠지지 않고
상황과 걱정에 묻히지 않는다.

하지만 아무리 기도하고
열심히 믿음생활을 하고
뜨겁게 예배를 드려봐도
죄와 상처와 문제에 잠겨갈 때가 있다.

'나'라는 밀도가 너무 크기 때문이다.
무거운 나무라도 물에 뜨는 이유는
물보다 밀도가 작기 때문이다.

내 생각, 내 욕심, 내 계획,
내가 하려고 하는 모습의 밀도가 높을수록
상황 속에 가라앉게 되고
상처 속에 가려지게 된다.

예수님의 능력을 의지해 물 위를 걷던

베드로는 의심과 두려움이라는
'나'의 밀도를 높였을 때 물에 빠지게 되었다.
나의 힘과 생각과 욕심을 내뱉고
하나님의 말씀과 마음과 능력과
인도하심의 은혜를 크게 들이마셔야 한다.

나와 하나님 중
누구의 밀도가 높은 삶인가.

 page_church

왜 여기로
오게 하셨나요

하나님은 사명의 자리로,
고난의 자리로, 지금의 자리로
우리를 보내신 적이 없다.

함께 가겠다고 하셨다.

주어진 자리가 너무 힘들 때가 있다.
직장, 학교, 전공, 관계가 괴로울 때가 있다.

왜 여기로 보내셨을까.
왜 이렇게 괴로운 상황을 주셨을까.
기도하며 순종하며 왔는데 왜 이럴까.

그 자리에 가라고 하신 적이 없다.
내가 함께 가고 함께하겠다고 하셨다.

다윗에게 골리앗 앞에
서라고 하지 않으셨다.
나와 함께 가자고 하셨다.

노예로 팔려가는 요셉.
아버지의 집을 떠나는 아브라함.
예루살렘에서 도망치는 빌립.
보내진 것이 아니다. 던져진 것도 아니다.
하나님이 함께 가신 것이다.

다윗과 함께 골리앗 앞에 서신
하나님은 골리앗을 이기게 하셨고

노예가 된 요셉과 함께 애굽에 가신
하나님은 늘 형통하게 하셨다.

갈 바를 알지 못하는 아브라함과 함께 떠난
하나님은 약속의 땅에 가게 하셨다.
박해를 피해 도망치는 빌립과 함께
사마리아에 가신 하나님은 함께 선교하셨다.

하나님은 뭐가 있을지 모르는 길을
무작정 떠나라고 하신 적이 없다.
먼저 가서 길을 만드셨다고 하신다.

그래서 직장에서 학교에서 현실에서
고난에서 우리는 혼자가 아니다.
하나님이 함께 오셨다.

거기로 가게 하신 것은
거기서도 함께하시기 때문이다.

page_church

저 맞게
가고 있나요

기도하고 인도하셔서 온 것 같은데 왜 힘들까.
뜻하신 곳이 여기가 아닌 걸까.
여기 있다가 늦는 건 아닐까.

난 맞게 가고 있는 걸까.

사실은 선한 길로 인도하지 않으신다.
선한 하나님과 함께 가면 가장 선한 길이다.

어디로 가야 할지 모를 때
하나님과 함께하고 있다면 이미 잘 도착한 것이다.
뜻하신 곳은 하나님 옆이기 때문이다.

중요한 건 '어디로'가 아니라 '누구와'다.
하나님과 함께하면 푸른 초장을 가는 길도
음침한 골짜기를 가는 길도 선한 길이다.

하나님께 맞게 가고 있다면
나에게 맞는 길도 걷게 하실 것이다.

48 page_church

힘든 상황에서
평안함을 찾는 법

힘든 상황에서 평안함을 찾는 법,

그 상황 속에서도 감사한다.

도저히 감사를 찾기 어려울 만큼
힘든 상황에서 평안함을 찾는 법,

그 상황에 순종한다.

기적이 감사를 가져오지 않는다.
감사가 기적을 가져온다.

평안함이 순종을 가져오지 않는다.
순종이 평안함을 가져온다.

하나님은 모든 곳에 계시기 때문에
모든 상황에서 평안함을 찾을 수 있다.

주심에 감사하고
주지 않으심에 순종할 수만 있다면.

49 page_church

기도해도 상황이
좋아지지 않는다면

이미 좋은 상황이 되었다.
기도를 한 것 자체가 상황이 나아진 것이다.

하나님을 찾는 것 자체가
하나님과 함께함 자체가
가장 좋은 것이기 때문이다.

좋은 상황, 좋은 삶의
새로운 기준을 가져야 한다.

더 갖고 더 나아지고 더 높아지는 것이 아니라
삶이 어떠하든 하나님과 함께 사는 것,
하나님께 붙어 있는 것이 가장 좋은 삶이다.

가장 좋은 삶을 살기 위해 집중하면
나머지는 하나님이 알아서 하신다.

삶의 형편이 어떠하든 하나님과 함께함이
가장 좋았던 바울은 모든 것을 할 수 있는
가장 좋은 능력을 받았다.

하나님과 함께하는 것을
가장 좋아하는 삶이 가장 좋은 삶이다.

하나님이랑
가장 친해지는 시간。

3부

50 page_church

남들은 잘하는데
나는 제자리일 때

천사가 베데스다 못에 내려와 물을 움직일 때
가장 먼저 들어가면 모든 병이 낫는다고 했다.
1등이어야만 했다. 하지만 38년 된 병자는
걷지를 못해 늘 뒤처졌고 늘 제자리였다.

하지만 예수님께는 걸을 수 있는 자였다.

일어나 걸으라는 믿지 못할 말씀에 순종한
그는 1등이 아니어도 일어나 걷게 되었다. (요 5:1-9)

날 때부터 맹인이었던 자에게
모두가 죄인이라고 손가락질했다.
율법적으로 가장 뒤처진 자였다.

하지만 예수님은 하나님의
일을 나타낼 자라고 하셨다.

실로암 못에 가서 눈에 바르신 진흙을
씻고 오라는 어려운 말씀에 순종한
그는 씻고 밝은 눈으로 돌아왔다. (요 9:1-7)

잔치에 꼭 필요한 포도주는 떨어졌고
흔하고 별 필요 없는 물만 남았다.

하지만 예수님 눈에는 더 좋은 포도주였다.

항아리에 가득 채워 떠다주라는 이해 못 할
말씀에 순종했을 때 더 귀한 포도주가 되었다. (요 2:1-10)

나를 볼 때 남과 비교하며 보지만
하나님은 나를 보실 때 나만 보신다.

현재의 나약함과 아픔을 보시지만
그것과 순종의 믿음이 합쳐졌을 때
하나님의 은혜와 능력을 경험함으로
놀랍게 변화될 모습도 함께 보신다.

오늘도 제자리였다.
실력도 성과도 노력도 제자리였다.
하지만 말씀대로 살기 위해 노력하며
하나님께 나아가고 있다면 전진 중이다.

하나님은 실력과 소유로 뛰어난 자가 아니라
믿음과 겸손으로 드러난 자를 쓰신다.

오늘도 제자리였던 나에게
오늘도 나와 함께 걸은 자라고 하신다.

 page_church

그대로 사랑하시지만
그대로 두진 않으신다

약하고 악하고 죄 많고 의 없고
교만과 욕심 많고 사랑과 믿음 없는
그 모습 그대로를 사랑하신다.

실패하고 무능하고 좌절하고 넘어지고
상처와 약점은 많고 잘남과 잘함은 없는
이 모습 이대로도 사랑하신다.

하지만 그대로 두진 않으신다.
죄로부터 고치시고 악으로부터 구하신다.

교만과 욕심과 불신이라는 죄로부터
실패와 상처와 좌절이라는 악으로부터
깨끗하게 하시고 보호하시고 건지신다.

그래서 하나님의 형상이 회복된
복된 하나님의 자녀가 되게 하신다.

살다보면 때로 넘어짐과 기다림과
이해되지 않음과 아픔도 있다.

하지만 그건 하나님의 자녀로
더 완전해지길 바라는 하나님의
그대로 두지 않으심의 사랑이다.

부족한 모습 그대로를 사랑하셔서

우리를 자녀 삼으신 하나님은
우리가 삶으로 하나님을 아버지라고
인정할 때까지 절대 포기하지 않으신다.

그래서 때로는 기쁨으로 때로는 아픔으로
그대로 두지 않으신다.

그대로를 인정하심도 사랑이고
그대로 두지 않으심도 사랑이다.

52 page_church

하나님
마음이 멈췄습니다

작은 마음으로 큰일들을 감당해야 해서
마음을 다 써버렸는지 마음이 멈춰 있었다.
기뻐했을 일도 안 기쁘고
미안했을 일도 안 미안하고
마음 쓸 일도 써지지 않았다.

아무런 자극도 없길 원했다.
대화도, 질문도, 위로도 마음을 써서
반응해야 했기에 힘에 부쳤다.

다 짜낸 수건에서 물 한 방울 내기 위해
비틀고 비틀듯 힘겹게 마음을 내야 했고
다 내지 못한 마음으로 상처와 실수가
되진 않았을지 마음이 아프다.

이상한 건 마음은 멈춰도 걱정은 열심이다.
걱정하느라 다른 마음이 멈춘 건지도 모른다.

다시 마음을 작동시킨 건 예수님 생각이었다.
꼬리를 무는 걱정의 끝에 예수님을 생각했다.

내가 뭘 해야 하냐고, 기대해야 하는지,
기뻐해야 하는지, 기도해야 하는지
마음으로 신음했다.

십자가를 진 채로 여인들을 걱정하시고
십자가에 달린 채로 죄인들을 걱정하셨던
모습을 생각나게 하셨다.

어떻게 그런 상황에도 마음이 멈춤 없이
사랑을 향해 거침없이 흘러가셨을까.

마음의 힘이 무한하신, 사랑이 무한하신
예수님께 마음이 움직일 힘을 달라고 했다.

멈춘 물체에 마찰력을 이길 힘만 있으면
쉽게 움직여지듯 예수님이 주시는 힘으로
다시 마음이 움직일 듯하다.

중요한 건 마음이 멈춰 있었어도
예수님께 붙어 있는 채였다는 것이다.

예수님 닮은 가장 옳은 마음이
약한 마음을 강하게 하고
예수님 품은 가장 좋은 마음이
악한 마음을 선하게 하길.

53 page_church

정 안 맞으면
그만 맞춰도 된다

제대로 살고 싶었고
제때에 살고 싶었다.

남들만큼 덜함이 없고
남들보다 더딤도 없이
살면 되는 줄 알았다.

하지만 남의 삶에 맞추다가
나의 삶을 놓쳤고 마음은 지쳤다.

정 안 맞으면 그만 맞춰도 된다.
이제 하나님께 맞추면 된다.

남에게 맞추다가 잃어버린 내 삶을
하나님의 말씀에 맞추면 찾을 수 있고
세상에 맞추다가 놓아버린 내 삶을
하나님의 계획에 맞추면 잡을 수 있다.

막달라 마리아는 예수님이 잡히시자
도망치는 제자들에 맞추지 않고
예수님의 발걸음에 맞췄다.

요셉은 고난을 당해도
세상의 방식에 맞추지 않고
하나님의 뜻과 계획에 맞췄다.

그래서 제대로 살았다.

다니엘은 우상 숭배하는
다른 사람에 맞추지 않고
하나님의 시간과 말씀에 맞췄다.

바울은 그리스도인을 핍박했던
자신의 생각과 경험에 맞추지 않고
하나님의 인도하심에 맞췄다.

그래서 제때를 살았다.

마리아는 최초의 부활의 증인이 되었고
요셉과 다니엘은 총리로 쓰임 받았고
바울은 최고의 부활의 증인이 되었다.

하나님의 말씀과 시간과 계획에 맞게 살면
나에게 딱 맞고 알맞은 삶을 살게 하신다.

지금까지 방황하느라 고생했다 하시며
이제 나와 함께 가자고 하신다.

하나님께 맞추면
나에게 맞게 주신다.

하나님이 주인이
아닐 때 일어나는 일

힘든 일이 멈추지 않는 이유는
하나님이 주인이 아니기 때문이다.

약하고 무지한 내가 주인이 되면
늘 쓰러지고 아파하고 걱정한다.

그래서 돈, 일, 공부, 외모, 성공, 관계라는
다른 주인을 의지한다.
그런데 이 주인들은 갑질이 심하다.

왜 그것밖에 못 하냐고, 왜 그 정도냐고,
왜 인정 못 받냐고, 왜 더 열심히 안 하냐고
못 하고 안 되면 가치 없고 형편없는 존재라고
괴롭히고 닦달한다.

하나님은 다르다.
늘 우리를 사랑한다 하시고

지금의 모습도 괜찮다고 하신다.

아버지가 대신 일할 테니 와서 쉬라고 하신다.
대신 싸워줄 테니 날개 아래 거하라고 하신다.

딱 하나만 하면 된다.
하나님을 주인으로 인정하고
그분의 뜻을 따라 사는 것이다.

무엇을 먹을까 무엇을 마실까
몸을 위하여 무엇을 입을까 염려하지 말라 마 6:25

다른 주인들 때문에 염려되고 힘들다면

한 사람이 두 주인을 섬기지 못할 것이니 마 6:24

주인을 바꾸라고 하신다.
우리의 주인은 오직 하나님뿐이다.

그리고 주인의 뜻대로 살라고 하신다.

먼저 그의 나라와 그의 의를 구하라 마 6:33

그럼 가장 좋은 것으로 채워주신다.

이 모든 것을 너희에게 더하시리라 마 6:33

난 오직 주의 것이다.

 page_church

마음을 평안하게
상황이 변화되게
만드는 기도 제목

건너뛰는 기도를 해야 한다.

상황이 나아진 후에
드릴 수 있는 기도를 먼저 하는 것이다.

사람 때문에 마음이 무거워 기도를 했다.
그런데 그 사람이 변하지 않은 이상
아무리 기도해도 나아지지 않을 것 같았다.

그래서 상황의 나아짐을 건너뛰고 기도했다.

'그 사람을 이해하고 사랑하게 해주세요.'
마음이 평안해졌고 상황도 변화되었다.

수련회의 중요한 집회 때
마이크과 노트북이 안 켜졌다.
'원상 복구되게 해주세요'라고 하지 않고
'마이크, 노트북 안 돼도 은혜 주세요.'
상황을 건너뛴 두 걸음짜리 기도를 했다.

마음이 평안해졌고 상황도 변화되었다.

갑자기 건강이 안 좋아진 적이 있었다.
힘든 치료와 몸의 불편함을 견뎌야 했다.
'빨리 몸이 낫게 해주세요'라고도 했지만

'이 상황에서 더 의지하고 감사하게 해주세요'라고
기도했다.

마음이 평안해졌고 상황도 변화되었다.

자전거 체인이 빠졌을 때 체인의 반절만 걸고
페달을 밟으면 완벽하게 복구된다.
다 거는 것을 건너뛰어야 다 걸린다.

이해를 건너뛰고 순종하고
충족을 건너뛰고 만족하고
상황을 건너뛰고 신뢰하는
믿음은 모든 것을 가능하게 한다.

요단강이 범람할 때 땅이 된 듯 걸어갔다.
풀무불이 매서울 때 다 꺼진 듯 들어갔다.
요단강은 멈췄고, 풀무불은 태우지 못했다.

하나님나라가 아직 오지 않았을 때
하나님나라가 이미 온 것처럼 살아야 한다.
하나님나라의 백성이 될 것이다.

건너뛰는 기도가
상황을 건너게 한다.

56 page_church

큰 은혜를 받았을 때
꼭 경계해야 하는 것

성경에 나오지 않지만
병 고침 받은 사람들의
그 후 이야기를 상상해보았다.

혈루증을 고침 받은 자가
나중에 암으로 죽게 되었다면
믿음이 흔들리지 않았을까?

눈을 뜨게 된 맹인 바디매오가
나중에 강도를 만나 심하게 다쳤다면
하나님을 원망하지 않았을까?

예전에 섬기던 교회에서

선천적으로 다리를 절던 성도님이
목사님의 기도로 목발 없이 걷게 되었고
그 뒤로 정말 열심히 교회를 다니셨다.

그런데 몇 주 후부터 교회에 안 나오셨다.
다리를 다시 절기 시작했던 것이다.

그 절망감을 다 이해할 수는 없지만
단면적인 기적 체험, 문제 해결은
나약한 우리의 믿음을 세우기엔
너무 빈약한 반석이다.

믿음이 흔들리는 이유는
믿음을 갖게 하는 동기를
믿음을 유지하는 근거로
삼기 때문이다.

믿음을 갖게 되는 동기들,
모태 신앙, 기도 응답, 전도, 설교,
섬김, 마음의 안정, 영적 체험 등은
믿음의 동기에서 끝나야 한다.
절대 믿음의 근거가 되어서는 안 된다.

경험에 근거한 믿음은
다른 경험에 의해 흔들리게 된다.
감정의 평화에 근거한 믿음은
감정의 기복에 따라 흔들리게 된다.
사람의 섬김에 근거한 믿음은
사람에게 받은 상처로 흔들리게 된다.

절대 흔들리지 않고 절대 변하지 않는
진리 위에 믿음을 세워야 한다.

하나님이 세상을 이처럼 사랑하사
독생자를 주셨으니 이는 그를 믿는 자마다
멸망하지 않고 영생을 얻게 하려 하심이라 요 3:16

하나님이 우리를 사랑하셔서 아들을 주셨고
예수님의 죽으심을 통해 죄사함 받아 구원을 얻어
하나님나라에 살게 되었다는 절대 흔들리지 않는
진리 위에 세워진 믿음은 결코 흔들리지 않는다.

'어떻게 믿었는가'와
'왜 믿고 있는가'가
같은 답이어서는 안 된다.

어떻게 죄까지 사랑하겠어
널 사랑하는 거지

하나님은 죄짓는 우리를
생명을 버리실 만큼 사랑하시지만
죄는 사랑하지 않으신다.

하나님의 최대 관심은
우리와 함께하는 것인데
죄는 하나님과 우리를 갈라놓기 때문이다.

죄에서 멀어지는 방법은
죄를 안 짓기 위해 결심하고 노력하고
발버둥치는 것이 아니다.

동쪽으로 걸어가면 서쪽에서 멀어지듯
하나님과 가까울수록 죄에서 멀어지게 된다.

죄 때문에 하나님께 나아가기 부끄러울 때
예수님의 십자가의 은혜를 붙잡고

오히려 더 하나님께 나아가야 한다.

더 은혜 안에 거하고
더 회개하고 더 순종하고
더 말씀을 묵상하고 더 예배하고
더 기도하고 더 사랑하는 것이다.

죄의 부끄러움 때문에
하나님께 나아가지 못함은
마지막 남은 믿음이 아니라
끝까지 믿음 없는 모습이다.

지금도 기다리고 계신다.

죄의 부끄러움 때문에
하나님께 나아가지 못함은
마지막 남은 믿음이 아니라
끝까지 믿음 없는 모습이다

하나님
듣고 계신가요

소리에 마음이 담기면 말이 된다.

막 잠이 들려고 할 때
귀 옆에서 모기 소리가 들리면
정말 듣기 싫지만 상처를 받진 않는다.
마음이 담겨 있지 않은 단순한 소리이기 때문이다.

화려한 언변의 기도여도
마음이 없으면 소리일 뿐이다.
반대로 마음이 담겨 있다면
어떤 소리든 기도가 된다.

울음소리도 외치는 소리도
원통해 하는 소리도 기도가 된다.

마음이 담겨 있다면
피아노 소리도 기도가 되고

드럼 소리도 기도가 되고
노래 소리도 기도가 된다.

소리에 하나님을 찾고
하나님만 사랑하고 하나님을 의지하고
하나님께 감사하는 마음이 담겨 있다면
하나님께 가장 잘 들리는 기도가 된다.

그 소리를 신호로
하나님이 일하시기 시작한다.

page_church

코로나가 우리에게
알려준 지혜

나는 아무것도 모른다.
그래서 하나님밖에 없다.

나는 아무것도 못 한다.
그래서 하나님이 전부다.

나는 아무것도 아니다.
그래서 하나님이 모든 것이다.

아무것도 모른다고 할 때
아무것도 못 한다고 할 때
아무것도 염려하지 말고
아무것도 두려워 말라고 하신다.

아무것도 아닌 우리가
하나님께 모든 것이기 때문이다.

내가 누군지 알게 되었고
왜 하나님인지 알게 되었다.

 page_church

은혜는 희미한데
문제는 선명할 때

블레셋 때문에 괴로워하던 이스라엘에게
사무엘은 싸우는 법이 아닌 믿는 법을 가르친다.
모두 모여 회개기도를 하게 했다.

기도의 결과는 어땠을까?
다 모여 있음을 듣고 블레셋이 쳐들어왔다.
기도로 모이지 않았다면 없었을 일이다.
은혜는 희미해졌고 문제는 선명해졌다.

두려움과 원망 섞인 얼굴로
모두가 사무엘만 보고 있을 때
그는 무엇을 했을까?

온전한 번제를 여호와께 드리고 삼상 7:9

기도를 마친 후 예배를 드렸다.
문제가 선명해질수록
믿음을 선명하게 했다.
이 전투는 선명함의 싸움이었다.

예배의 결과는 어땠을까?

이스라엘과 싸우려고 가까이 오매 삼상 7:10

블레셋이 더 가까워졌다. 문제가 더 선명해졌다.

하지만 하나님은 이때를 기다리셨다.

큰 우레를 발하여 그들을 어지럽게 하시니
그들이 이스라엘 앞에 패한지라 삼상 7:10

블레셋이 가까이 오지 않았다면
하나님의 싸우심을 선명하게 볼 수 없었을 것이다.

기도를 해도 회개를 해도
순종을 해도 예배를 드려도
하나님의 은혜는 희미하고
문제만 선명해질 때가 있다.
그리고 믿음이 희미해진다.

믿음은 선명함의 싸움이다.
상황보다 더 진한 믿음이 하나님의
강한 능력을 선명하게 경험하게 한다.

홍해라는 문제가 선명할 때
모세의 믿음은 더 선명했다.
딸의 귀신들림이 선명할 때
수로보니게 여인의 간절함이 더 선명했다.
십자가가 선명할 때 예수님은
순종을 선명하게 드러내셨다.

홍해가 갈라졌고 귀신은 떠나갔고
죽음을 이기셨다.

하나님은 분명히 살아 계신다.
믿음의 선명함이 그것을 경험하게 한다.

 61 page_church

기도할 때 가장
먼저 해야 하는 것

무엇을 위해 기도하는지보다
누구에게 기도하는지가 중요하다.

기도를 시작하면
문제와 어려움, 감사와 회개 등의
기도 제목을 드리기에 바쁘지만
어떤 하나님께 기도하는지
하나님은 나에게 어떤 분이지 고백하며
가장 먼저 관계 설정을 해야 한다.

예수님의 기도는
하늘에 계신 우리 아버지 (마 6:9)
다윗의 기도는
여호와는 나의 목자시니 (시 23:1)
모세의 기도는
여호와는 나의 구원이시로다 (출 15:2)

고백으로 시작된다.

창조주 하나님이라는 고백은
나를 새롭게 거듭나게 할 것이고
구원자 하나님이라는 고백은
깊은 수렁에서 나를 건질 것이고

아버지 하나님이라는 고백은
모든 은혜와 사랑을 유산으로 받게 할 것이고
자비하신 하나님이라는 고백은
나의 죄를 용서받게 할 것이고
목자 되신 하나님이라는 고백은
나의 앞길을 인도할 것이다.

기도의 응답은

기도대로 되는 것이 아니다.
기도의 응답은
고백대로 되는 것이다.

62 page_church

하나님 어떤 길
예비해두셨나요
(실수 없이 길을 선택하는 법)

지하철역과 가까우면 역세권.
스타벅스가 가까우면 스세권.
맥도날드와 가까우면 맥세권.
삶의 질을 높여주는 것과
가까워지고 싶어 한다.

우리는 하세권에 살아야 한다.
하나님과 가까운 삶이 가장 질 높은 삶이다.

더 좋은 삶을 살기 위해서
성공에 더 가까워지고 부자에 더 가까워지고
행복에 더 가까워지기 위해 열심히 살지만

하나님과 가까이 사는 게 가장 행복한 삶이다.

내 아버지 집에 거할 곳이 많도다
내가 너희를 위하여 거처를 예비하러 가노니 요 14:2

하나님이 우리를 위해 예비하신 삶은
하나님과 함께 사는 하나님나라다.

어디에 살고 있든 어떤 집에 살고 있든
어떤 일을 하고 있든 어떤 꿈을 꾸고 있든
나의 자리를 하세권으로 만들어야 한다.

여호수아가 만난 요단강과
베드로가 만난 폭풍에 하나님이 계셨다.
집 나간 탕자의 방황도, 다니엘의 사자굴도,
아들에게 쫓기던 다윗의 위험도,
포로생활 하던 느헤미야의 어려움도
하나님이 함께하셨다.

여호수아는 가나안에 들어갔고
베드로는 가버나움에 들어갔다.
탕자는 집에, 다니엘은 총리 자리에,

다윗은 왕의 자리에,
느헤미야는 고향에 들어갔다.

하나님과 가까이 가기만 했더니
예비된 자리로 안고 가셨다.

시냇가에 심은 나무는
시냇가에 가까이 있는 것만 한다.
때가 되면 자연스럽게 열매를 맺게 된다.

우리도 그렇다.

 **page_church**

믿음은
해놓은 것이 아니라
해보는 것이다

상황이 안 돼도 모든 일에
감사를 완벽하게 해놔야

이해가 안 돼도 모든 일에
순종을 완벽하게 해놔야
믿음이라고 생각한다.

다른 것 전혀 안 보고 오직 하나님만
의지하는 것까지 해야 믿음이라고 생각한다.

많은 물고기를 잡는 것까지 해야
믿음이라고 생각하지만
베드로는 깊은 곳에 그물을 던진 것뿐이다.
많은 물고기는 예수님이 하신 것이다.

골리앗처럼 큰 문제를 이기는 것까지 해야
믿음이라고 생각하지만
다윗은 믿음으로 돌을 던진 것뿐이다.
골리앗이 쓰러진 건 하나님이 하신 것이다.

저 멀리 있는 믿음의 결승선까지 도달해야
완벽한 믿음이라고 생각하지만
우리가 할 일은 출발선을 넘는 것뿐이다.
결승선은 하나님이 가게 하신다.

힘들어도 감사를 한 번 해보는 것이다.
이해가 안 돼도 순종을 해보려고 하는 것이다.
하나님만 바라보려고 해보는 것이다.

예수님의 십자가 오른편 강도는
자기도 구원해달라고 간구한다.
행악자였고 범죄자였다.
결승선에 갈 수 있는 삶이 아니었다.
간구를 한 것뿐이다. 예수님이 말씀하셨다.

오늘 네가 나와 함께 낙원에 있으리라 눅 23:43

출발선을 넘었더니 하나님나라라는
결승선은 예수님이 가게 하셨다.

믿음은
해놓은 것이 아니라
해보는 것이다.

하나님과 가까운 삶이 가장 질 높은 삶이다
하나님과 가까이 사는 게 가장 행복한 삶이다

잘하고 싶을 때
버려야 하는 생각

잘해야겠다는
생각을 버리면 더 잘하게 된다.

준비한 것보다, 원래 실력보다
더 못하는 이유는 두려움 때문이다.

두려움은
잘해야 하고 잘 되어야 하고
못하면 안 되고 실수하면 안 된다는
생각에서 시작된다.

그래서 잘해야겠다는
생각을 버리면 두려움이 사라지고
두려움이 사라지면 더 잘하게 된다.

어떻게 버릴 수 있을까?

내가 아닌 하나님이 하심을 믿으며
하나님이 일하시도록 맡기는 것이다.

나는 열심히 준비할 뿐이다.

그래서 하나님께 맡기는 자는
담대해지고 잘하게 된다.

하나님이 일하시기 때문이다.

page_church

혼자라는
착각

일찍 잔다고 마음만 먹고 아침마다
후회하며 힘들게 일어나는 널 본다.
졸려도 홀린 듯 씻고 옷 입고 밖에 나선다.

집을 나오자마자 집에 가고 싶어 하고 있다.
힘들 때가 많을 텐데 그때마다 날 생각하길.

오늘도 이끌리듯 시작한다.
가끔씩 잡담, 핸드폰, 간식으로 쉬기도 하고
웃고 대화하고 익숙해진 주어진 것들을 한다.

네가 바쁘게 하루를 보낼 때 나도 바쁘다.
네 마음을 살피고 위로할 것이 있는지 살피고

잠깐의 기도라도 기다린다.

난 다 알고 있다.

쉬는 시간이 도움이 안 됐다는 것.
편하고 좋아서 웃는 게 아니라는 것.
익숙해도 아무렇지 않은 건 아니라는 것.
똑같은 일상이지만 부담감은 더해간다는 것.
작은 문제들을 해결한 후의 뿌듯함 뒤에는
불투명한 미래에 대한 불안이 따라온다는 것.

그래서 난 성경, 유튜브의 찬양, 대화, 기도,
상황, 날씨들을 통해 위로하고 날 찾게 했다.

어제보다 맛있게 느껴지는 점심,
왠지 공감과 위로가 되었던 대화,
힘듦 속에서 괜히 찾아봤던 감사,
바쁨 속에서 간혹 떠오른 기도할 마음,
성경에서 찾은 힘이 되는 말씀,
모든 게 내가 너를 위해 한 일이다.

함께 해달라고 기도하지만 늘 함께하고 있다.

지금의 결정이 실수가 되었을 때
어떤 길로 인도할지 미리 가보았고
그 실수로 내 계획이 이루어지도록 예비했다.

넌 연약함과 어려움 때문에 더 나를 찾는다.
그게 내가 그것을 허락한 이유이고
그래서 그 연약함은 나에게 아름답다.

나와 함께하기만 하면 된다.
걱정할 게 전혀 없다.
더 만족하며 더 감사하며 살아도 된다.

도와달라고 기도할 때 함께하고 있었다.
길을 보여달라고 할 때 함께하고 있었다.
복을 달라고 기도할 때 함께하고 있었다.

내가 함께하는 것이 가장 큰 도움이고
가장 선한 길이고 가장 큰 복이기 때문이다.

넌 혼자였던 적이 없다.
내가 살아 있기 때문이다.

가장 사랑하지만
가장 잘못 알고 있는 말씀

내게 능력 주시는 자 안에서
내가 모든 것을 할 수 있느니라 빌 4:13

하나님이 능력 주시면 못할 것이
없다는 뜻으로 이해될 때가 많다.

모든 일 곧 배부름과 배고픔과 풍부와 궁핍에도
처할 줄 아는 일체의 비결을 배웠노라 빌 4:12

바울이 말한 '모든 것'은
부족한 상황과 풍족한 상황을 말한다.

부족하든 풍족하든 하나님 한 분만으로
만족하며 적응하며 살 수 있다는 뜻이다.

'가난을 이기고 부해질 수 있느니라'가 아니다.
하나님 때문이라면 '가난하게 살 수 있느니라'다.

'어려움을 이기고 편하게 살 수 있느니라'가 아니다.
하나님의 뜻이라면 '어렵게 살 수 있느니라'다.

그래서 이 말씀을 읽을 땐
바울과 같은 고백을 할 수 있어야 한다.
가난해져도 어려워져도 상관없다는 고백이다.

부하다 해도 만족을 주는 것은
부가 아닌 하나님이라는 고백이다.

하나님이 어떤 상황으로 인도하시든
신뢰하고 따르겠다는 고백이다.

모든 상황을 이길 수 있는 능력을 안 주셔도
모든 상황에서 순종할 수 있다는 고백이다.

그래서 지금도 사랑하지만
더 사랑해야 하는 말씀이다.

하나님이랑
가장 친해지는 시간

반지하집에서 바퀴벌레랑 꼽등이랑
곰팡이랑 같이 산 적이 있다.

보일러관이 터진 집이라 난방을 틀면
바닥에서 스멀스멀 물이 올라왔다.
장판 밑에는 늘 물을 잘 흡수하는
강아지 소변 패드가 *끼워져* 있었다.

씻을 때와 죽을 만큼 아플 때를 **빼면**
보일러는 늘 *꺼져* 있었고
집에서 패딩을 입고 하얀 입김을 내며
전기난로와 전기담요로 겨울을 버텼다.

보일러가 얼어버린 날은 드라이기를 들고
밖으로 나가 보일러를 녹였다.
그러다보면 드라이기도 멈춘다.
포기하고 양동이에 물을 한참 끓여서

193

차가운 물 90, 뜨거운 물 10을 섞어서
발을 동동 구르며 샤워를 하고 머리를 감았다.

여름은 여름대로 괴롭다.
3단을 틀어도 0.5단 같은 낡은 선풍기를
얼굴 앞에 갖다 댄 채 적신 수건을 덮고 자면
아침에 배에 물독이 올라 빨개져 있었다.

그곳에서 7년을 살았다.
150만 원의 전도사 월급을 받으며
월세, 전기세, 핸드폰 요금, 아이들 심방,
학자금 대출 10개, 50만 원의 저축을 하며 4년,
비정규직으로 일하며 자비량의 군 사역을 3년.

지독했던 시간을 버틸 수 있었던 이유는
가난은 친구처럼 익숙했다는 것과
이런 집이라도 살게 해주심에 대한 감사와
늘 혼자가 아님을 알게 해주신 하나님 때문이었다.

고난은 나를 쓰러뜨렸지만
쓰러진 김에 엎드려 하나님을 만났다.

하나님은 고난의 때도 함께하셔서
하나님과 가까워지는 복을 주시고
철을 따라 알맞은 은혜를 주신다.

힘들어도 하나님을 붙잡고
힘들어서 하나님을 붙들면
하나님과 가장 친해질 수 있다.

연약함을
사랑하신다。

4부

page_church

하루만큼의
만나만 주신 이유

광야에서 하루만큼의
만나만 주시겠다는 건
조금 주시겠다는 것이 아니라
매일매일 주시겠다는 것이다.

많은 것을 소유하지 못했다면
능력이 부족하다고 느껴진다면
소망이 없어 보이는 상황이라면

조금 주신 것이 아니라
매일 함께하시겠다는 것이다.

가진 것을 의지하거나

필요한 것만 바라보지 말고
하나님과 함께하라는 것이다.

전부를 가지라는 것이다.

진짜 부자가 되라는 것이다.

 69 page_church

하나님이 주시는
것 중에 가장 큰 복

하나님이 주시는 것 중에
가장 큰 복은 하나님이다.

가장 많이 구해야 하는 건
돈, 명예, 인정, 성공이 아니라
하나님과 같이 사는 삶이다.

힘들고 어려울 때, 부족한 것이 많을 때

상황을 이길 방법이나 능력이 아니라
하나님과 같이 사는 삶을 구해야 한다.

아무리 상황이 힘들고 가진 게 없어도
하나님과 같이 산다면 가장 복 받은 삶이다.

아무리 상황이 편하고 가진 게 많아도
하나님이 없이 산다면 가장 복 없는 삶이다.

복 있는 사람을 시냇가에 심은 나무 같다고
한 이유는 시냇가에 붙어 있기 때문이다.

하나님과 꼭 붙어 살면, 늘 말씀과 같이 살면
각자의 철을 따라 각자의 열매를 맺게 하신다. (시 1:1-3)

겸손과 순종의 사람은 복의 사람이다.

늘 하나님과 같이 살고 있기 때문이다.

항상 행복하라
쉬지 말고 행복하라
범사에 행복하라

더 많은 것을 가지면 행복한 것이 아니라
더 많아지는 것을 볼 때 행복하다.
많아짐이 멈추고 유지되면 행복하지 않다.

연봉이 오르는 게 좋은 거지
연봉이 많은 것이 좋은 게 아니다.
점수가 오르는 게 좋은 거지
점수가 높은 것이 좋은 게 아니다.

그래서 행복은 순간만 존재한다.

행복의 조건을 바꿔야 한다.
더 많아지고 더 높아지는 것이 아니라
하나님과 더 깊어지는 것이 행복이 되어야 한다.

항상 기뻐하고 범사에 감사하고

쉬지 말고 기도하라는 것은
하나님과 더 깊어지라는 것이다.

그래서 이 말씀은 우리가 행복하길 바라는
하나님의 따뜻한 명령이다.

하나님과 함께함이 가장 큰 복이다.

하나님이 주시는 것 중에
가장 큰 복은 하나님이다

page_church

기도를 멈추면
일어나는 일

기도를 멈추는 순간
내 생각이 나를 지배하고
내 욕심에 따라 살게 된다.

아무것도 모르고
아무것도 할 수 없는
나약한 존재에게 맡겨진
인생이 된 것이다.

기도를 멈추지 않으면
하나님의 능력 안에 있게 되고
하나님의 계획으로 살게 된다.

모든 것을 아시고
모든 것을 할 수 있는
전능한 창조주에게 맡겨진
인생이 된 것이다.

누구에게
인생을 맡기겠는가.

 72 page_church

기도해도 두려움이
사라지지 않는다면

두려움의 크기는
맡기지 않은 크기와 같다.

문제와 과정과 방법과 결과 모두를
맡겨야 하는데 안 맡긴 만큼 두려움이 된다.

불신은 전능하신 하나님을

기능적인 하나님으로 바꾼다.

전능하신 하나님을 믿는 사람은
모든 일을 다 하나님께 맡긴다.
모든 것을 하실 수 있음을 믿기 때문이다.

기능적인 하나님을 믿는 사람은
필요한 것만 하나님이 해주시면 된다.
하나님이 목적이 아니라 수단이기 때문이다.

다 맡기면 내 뜻이 아니라
하나님 뜻을 이루실까봐 불안해한다.
하지만 하나님 뜻이 무지한 내 뜻보다 더 위대하다.
이걸 알면 두려움이 없어지는 기도를 한다.
모든 것을 맡기고 순종하는 것이다.

이 기도를 들으시고 내 뜻과 내 믿음이
온전하고 합당하면 그것을 이루실 것이고
아니라면 완전한 하나님의 뜻을 이루실 것이다.

전능하시고 절대적이고 변함없는 분이지만
각자의 믿음에 따라 다르게 경험된다.

하나님이 일하지 않으심은
하나님의 능력이 없어서가 아니라
우리의 믿음이 없기 때문이다.

큰 두려움의 이유는 작은 맡김 때문이다.

 73 page_church

삶의 역풍을
역이용하는 법

새를 나아가게 하고 날아가게 하는 건
뒤에서 미는 힘이 아니라 앞에서 막는 힘이다.

하늘을 나는 새는 늘 역풍을 맞고 있다.
날고 있는 반대 방향으로 공기의 저항을 만나기 때문이다.

그런데 그 공기의 저항이 새를 날게 한다.
역풍이 날개를 지나갈 때 새의 몸을 뜨게 하는
양력이 만들어지기 때문이다.

고난이라는 역풍을 만날 때가 있다.
계획의 차질이라는 역풍을 만날 때가 있다.
실수와 아픔과 현실이 역풍이 될 때가 있다.
인도하심이 내 바람과 반대일 때가 있다.

하지만 그 경험은 우리를
성장하게 하고 날아오르게 한다.

핍박이라는 역풍을 만나 사방으로
흩어진 제자들은 흩어진 곳에서
더 빠르게 선교의 사명을 감당했다.

혈루증이라는 역풍을 만난 자는
그 고통 때문에 예수님의 옷을 만졌고
몸과 마음과 영혼의 구원을 경험했다.

기도와 말씀이 날개다.

기도로 맡기고 말씀에 순종할 때
거친 파도 날 향해 와도
주와 함께 날아오를 수 있다.

땅의 모든 장애물은
애벌레에게는 문젯거리지만
나비에게는 구경거리다.

 74 page_church

흘러가는 대로
살기로 했다

내 계획과 생각과 다른 삶의 흐름을
바꿔보려고 많이 노력해봤지만
하나도 모르는 내 뜻대로 사는 건
가장 어리석은 삶이다.

그래서 하나님이 인도하시는
흐름대로 살기로 했다.

나를 다 아셔서 가장 좋은 것 주시는
하나님의 인도하심대로 사는 것이
가장 좋은 삶이고 가장 적절한 삶이다.

그건 아무것도 안 하는 무력한 삶이 아니다.

하나님의 뜻이 나를 통해 이루어지길 바라며
주어진 자리에서 최선을 다하는 삶이다.
결국은 은혜가 풍성한 하나님나라에 닿는다.

어부였던 베드로는 하나님의 흐름대로
제자라는 가장 적절한 삶을 찾았다.
목동이었던 다윗은 하나님의 흐름대로
왕이라는 가장 알맞은 삶을 살았다.

노아는 하나님의 흐름대로 배를 만들었고
홍수의 위협에서 아라랏 산으로 흘러갔다.
요셉은 하나님의 흐름대로 흘러갔고
노예생활과 감옥생활을 지났지만
이집트의 총리로 선하게 쓰임 받았다.

최선을 다하며 최선을 다해
흘러가는 대로 두기로 했다.

지금은 냇물 같아도
바다 같은 삶에 닿아 있을 것이다.

75 page_church

그중에
사랑이 제일인 이유

이 세상의 유일한 소망은
돈과 힘과 성공과 지식이 아니라
하나님의 사랑이다.

산더미 같은 공부에 갈 길 바쁜 청소년,
보이지 않는 미래에 두 발 멈춘 청년들,
무거운 짐에 주저앉을 것 같은 어른들,

우리 모두에게 유일한 소망은
다른 어떤 것도 아닌 사랑이다.

그 사랑을 보여주는 것이 믿음이다.

열심히 기도했다면 사랑해야 하고
열심히 예배했다면 사랑해야 한다.

말씀대로 살기로 했다면 사랑해야 하고
사랑으로 구원받았다면 사랑해야 한다.

사랑이 소망이고
사랑이 믿음이다.

사랑 하나면
세상에 소망을 드러낼 수 있고
하나님께 믿음을 드러낼 수 있다.

그래서
믿음, 소망, 사랑은 늘 함께 있고
그중에 제일은 사랑이다.

**사랑하며 살아가다
예수처럼 죽어가자.**

성령 충만의 기준은
은사가 아니다

성령님을 인격적인 존재가 아니라
은사를 가능케 하는 장치로 오해하면 안 된다.

그가 너희에게 모든 것을 가르치고
내가 너희에게 말한 모든 것을 생각나게 하리라 요 14:26

성령님은 말씀이 생각나게 하셔서
말씀대로 살도록 도우시는 분이다.

그래서 사랑으로 가득한 삶이
성령님으로 충만한 삶이다.

뜨겁게 방언하고 열심히 찬양하고
오래 기도하고 병을 고치는 것이 아니라
어떤 상황 속에서도 말씀에 순종함으로
하나님을 사랑하고 이웃을 사랑하고
하나님이 원하시는 삶을 위해

발버둥치는 것이 성령 충만의 삶이다.

성령의 능력으로 사는 자는
폭풍 같은 문제를 잠잠하게 하고
여리고 같은 어려움을 무너뜨리고
나보다 뛰어난 이를 이기는 자가 아니라
어떤 상황 속에서도
하나님을 더욱 사랑하고 신뢰할 수 있고
사랑할 수 없는 자를 사랑할 수 있는 자다.

사랑이 성령의 은사다.

 77 page_church

하나님의 영광을
위해 산다?

핸드폰이 잘 쓰이고 기능들이 잘 활용되고 있다면
핸드폰에게 영광이 아니라 만든 자에게 영광이다.

만든 의도가 이루어졌기 때문이다.

성공하고 대단한 일을 하는 것만
하나님께 영광 돌리는 것이 아니다.

우리를 만드신 하나님의 의도대로
사는 것이 하나님께 영광이다.

하나님의 말씀대로 살고
하나님을 신뢰하며 살고
하나님께 감사하고 예배드리며
하나님을 사랑하고 이웃을 사랑하는 것이
우리를 만드신 하나님의 의도다.

창조 후 보시기에 좋았던 이유는
화려하고 대단해서가 아니라
하나님의 의도대로 날고 헤엄치고
열매 맺고 비를 내렸기 때문이다.

연약하고 부족해도
실패하고 무너진 삶이어도
화려하지 않은 소소한 일상이어도

하나님의 의도대로 살고 있다면
하나님께 가장 큰 기쁨, 가장 큰 영광이다.

하나님의 영광을 위해
사는 것이 우리의 영광이다.

page_church

기도가 안 될 때
기도해야 하는 것

너무 힘든 상황의 가장 큰 문제는
기도할 힘도 없다는 것이다.

이때 우리는 무엇을 해야 할까?

엘리야는 자신을 죽이려는 이세벨에게
도망치다가 너무 지쳐 쓰러진다.
그때 하나님이 천사를 보내서 힘을 주신다.

광야로 들어가 하룻길쯤 가서
한 로뎀 나무 아래에 앉아서 왕상 19:4

자기 힘으로는 하루밖에 못 갔지만

그 음식물의 힘을 의지하여
사십 주 사십 야를 가서 왕상 19:8

하나님이 주신 힘으로는 사십 일을 갔다.

기도가 안 될 때는
기도할 힘을 달라고 기도해야 한다.

내 힘으로는 잠깐 기도하기도 힘들 때
하나님이 힘을 주시면 기도할 힘이 생긴다.

먼 거리를 운전할 때 기름이 없다면
남은 기름으로 목적지를 향해
1미터라도 더 가는 게 아니라
가까운 주유소에 가야 한다.

너무 힘들어서 기도할 힘도 없을 때
남은 힘으로 조금이라도
문제를 해결하려는 것이 아니라
마지막 남은 한 방울의 믿음과 힘으로
하나님을 찾고 기도할 힘을 달라고 기도해야 한다.

이것조차 못할 때를 위해
기도가 잘 될 때 미리 기도해놔야 한다.

'기도할 힘이 없을 때
기도하게 해달라고 기도하게 해주세요.'

기도를 하게 하시는 것도 하나님이다.

안 괜찮은데
괜찮느라 안 괜찮다

하도 괜찮은 척을 해서
나도 내가 괜찮은 줄 알았다.

똑같이 만나고 말하고 일했지만
소모된 힘을 짜내는 것이
습관이 된 것뿐이다.

안 괜찮은데 괜찮느라 더 안 괜찮아졌다.
이걸 하나님은 알고 계셨나보다.
기도할 때마다 지쳐 있음을 보게 하셨고
무거운 짐을 맡기게 하셨다.

그리고 안 괜찮은 모습도 괜찮다고 하셨다.
어떤 모습이든 하나님께 나아가는 것이
가장 온전한 모습이기 때문이다.

아무리 넘어지고 힘들고 상처받아도
하나님을 신뢰하고 의지하고 순종한다면
가장 괜찮은 상태다.

아무리 마음과 상황과 관계가 좋아도
하나님과 멀어지고 하나님을 모른다면
가장 안 괜찮은 상태다.

이런 괜찮은 믿음을 가질 때
괜찮은 내가 되고 괜찮은 상황이 된다.

하나님의 능력이
나의 능력 되는 법

나의 연약함을 드러내지 않고
모든 사명과 사역을 실수 없이
잘하는 내가 되게 해달라고 기도했다.

그랬더니 일 잘하는 사람이 되지 말고
하나님을 일하시게 하는 자가 되라고 하셨다.

그래서 물었다.
'제 모습은 너무 연약해서 쓸모가 없나요?'

'너에게 연약함을 준 이유는
날 의지하는 데 사용하라는 거야.
너의 할 수 없음과 나의 할 수 있음을
인정할 때 가장 큰 능력을 경험하게 될 거야.'

하루 종일 모든 순간
나의 연약함을 고하며

하나님의 능력을 구했다.

그때마다 필요한 마음을 주셨고
필요한 말을 생각나게 하셨고
필요한 지혜를 부어주셨다.

하나님의 능력이 나의 능력이 된 것이다.

우리는 송곳 같아서 한순간도
하나님께 붙잡히지 않으면 바로 넘어진다.

약함 때문에 하나님을 의지하고 있다면
더 이상 약함은 쓸모없는 것이 아니다.
가장 필요한 것이 되었다.

약함을 주신 것은
넘어지라는 것이 아니라
엎드리라는 것이다.

약함을 주신 것은
강함을 주신다는 것이다.

연약함을
사랑하신다

지금의 괴로움 때문에
하지 않았던 기도를 하며
내 욕심만 구한 건 아닌지
이럴 때만 기도하는 건 아닌지
부끄럽고 죄송해서 마음이 더 아플 때
하나님은 가장 좋은 것을 했다고 하신다.

학교, 일, 육아의 정신없음 속에서
조금이라도 하나님의 자녀임을 떠올리며
하나님을 위해 살려고 노력했던 모습,
더 하지 못한 부족함에 실망스럽지만
하나님은 그 모습도 찬란하다고 하신다.

반복되는 믿음의 다짐을 하고
영락없이 지키지 못한 모습에
나의 어쩔 수 없음을 절실히 느낄 때
하나님은 그 모습도 사랑하기에

충분하다고 하신다.

잘나서 잘해서 사랑하시는 게 아니다.
연약하고 나약하고 부족해서,
그래서 하나님 없으면 안 돼서 사랑하신다.

흔들리지 않고 변함없는 것만 믿음이 아니다.
흔들림 속에서 자신의 아무것도 아님을 알고
하나님을 찾고 찾고 또 찾는 것도 믿음이다.

잘남과 잘함으로 꽉 채워져 있다면
하나님이 우리 안에 계실 곳이 없다.
강하신 하나님은 연약함 속에 계신다.

그래서 우리의 연약함은
하나님께 아름답고 사랑스럽다.

잘나서 잘해서 사랑하시는 게 아니다
연약하고 나약하고 부족해서
그래서 하나님 없으면 안 돼서 사랑하신다

82 page_church

철이 없었죠
예배도 안 드리고
기도도 안 한다는 게

정말 부끄럽게 하는 인스타그램 메시지를 받았다.

안녕하세요, 목사님.
중국에서 유학하고 있는 학생입니다.
인터넷 상태도 좋지 않고 유튜브, 구글,
인스타그램, 카카오톡 등의 서버가 막혀서
예배드리기가 쉽지 않은 상황입니다.
서버를 우회해도 안 될 때가 더 많아요.

그래도 인스타그램은 다른 프로그램에
비해 접속이 잘 되는 편입니다.
저는 Page Church로 예배드릴 때가 많아요.

감사하게 생각하고 있습니다.
앞으로도 계속 예배드릴 수 있도록
잘 부탁드리고 기도하겠습니다.
참! 출간 소식 봤습니다. 축하드려요. ^^

예배드리기 어려운 곳을 도울 수 있어서
정말 뿌듯했지만 그만큼 부끄러웠다.

예배를 쉽게 드릴 수 있음에 감사하고
예배를 쉽게 여기지 않도록 조심하며
어디서 드리든 예배에 진심이어야 하고
어떻게 드리든 예배에 전심이어야 한다.

철이 없었다.
예배도 안 드리고 기도도 안 한다는 게.

철이 없었다.
하나님 없이 혼자 어떻게 해보려고 한 게.

모두가
속고 있는 한 가지

마귀는 마귀 짓이라고
속이는 마귀 짓을 한다.

마귀가 가장 좋아하는 건
우리가 마귀 탓을 하는 것이다.

계획했던 일들이 잘 안 되거나
기도하며 준비했던 일이 잘 안 되면
믿음과 헌신과 열심의 부족일 텐데
마귀의 방해 때문이라고 생각한다.

그래서 난 잘못이 없다고 생각하게 되고
반성함으로 더 나아지려고 하지 못하게 된다.

마귀가 하는 모든 일은 속이는 것이다.
마귀는 주로 일을 방해하는 것이 아니라
마귀가 방해했다고 속이는 일을 한다.

그렇게 온전한 믿음 갖기를 방해한다.

우리가 믿음 자라는 것이 제일 싫기 때문이다.
그래서 나는 죄가 없다고 속여서 죄를 남긴다.

마귀는 더 자기 탓을 하고
더 자기로 핑계 대기를 원한다.

그래서 더 믿음에 충실하지 못한 자,
믿음의 책임을 피하려는 자가 되라고 한다.

이게 마귀의 진짜 큰 그림이다.

거짓에 속지 않으려면 진리의 말씀으로
나를 낱낱이 살피는 수밖에 없다.

꼭 해야 하지만
꼭 안 하는 기도

오늘을 위해서는 기도한다.
내일을 위해서도 기도한다.

가족, 자녀, 교회, 직장, 시험, 문제, 관계,
직분, 성과, 건강을 위해 열심히 기도한다.

하지만 믿음을 위한 기도는 안 한다.

실패하지 않게 해달라고 기도하지만
실패해도 순종하게 해달라고 하지 않는다.

더 잘 되게 해달라고 기도하지만 잘 안 돼도
하나님으로 만족하게 해달라고 하지 않는다.

더 주시면 감사하겠다고 기도하지만
안 주셔도 감사하게 해달라고 하지 않는다.

관계와 상처를 치유해달라고 기도하지만
더 사랑하게 해달라고 기도하지 않는다.

늘 좋은 상황을 위해 기도하지만
어떤 상황에도 순종하고 감사하고
하나님과 동행하게 해달라는 기도 제목은 드물다.

하나님이 가장 관심 있는 기도보다
나에게 가장 관심 있는 기도만 한다.

더 잘 되게 해달라는 기도보다
더 잘 믿게 해달라는 기도가 더 중요하다.

잘 믿는 게 가장 잘 되는 것이다.

페이지 처치 2 쓰러진 김에 엎드려 하나님을 만났다

초판 1쇄 발행   2021년 8월 30일
초판 16쇄 발행   2024년 10월 8일

지은이   신재웅

펴낸이   여진구
책임편집   안수경 김도연
편집   이영주 박소영 최현수 김아진 정아혜
책임디자인 마영애 | 노지현 조은혜
홍보 · 외서 진효지
마케팅   김상순 강성민   **마케팅지원** 최영배 정나영
제작   조영석 허병용   **경영지원**   김혜경 김경희

303비전성경암송학교 유니게 과정
이슬비전도학교 / 303비전성경암송학교 / 303비전꿈나무장학회

펴낸곳   규장

주소 06770 서울시 서초구 매헌로 16길 20(양재2동) 규장선교센터
전화 02)578-0003   팩스 02)578-7332
이메일 kyujang0691@gmail.com   홈페이지 www.kyujang.com
페이스북 facebook.com/kyujangbook   인스타그램 instagram.com/
kyujang_com
카카오스토리 story.kakao.com/kyujangbook
등록일 1978.8.14. 제1-22

ⓒ 저자와의 협약 아래 인지는 생략되었습니다.
이 출판물은 저작권법에 의해 보호를 받는 저작물이므로 무단 전재와 무단 복제를 할 수 없습니다.

책값   뒤표지에 있습니다.
ISBN 979-11-6504-234-9 03230

규 | 장 | 수 | 칙

1. 기도로 기획하고 기도로 제작한다.
2. 오직 그리스도의 성품을 사모하는 독자가 원하고 필요로 하는 책만을 출판한다.
3. 한 활자 한 문장에 온 정성을 쏟는다.
4. 성실과 정화을 생명으로 삼고 일한다.
5. 긍정적이며 적극적인 신앙과 신행일치에의 안내자의 사명을 다한다.
6. 충고와 조언을 항상 감사로 경청한다.
7. 지상목표는 문서선교에 있다.

하나님을 사랑하는 자 곧 그의 뜻대로 부르심을 입은 자들에게는 모든 것이 合力하여 善을 이루느니라(롬 8:28)

규장은 문서를 통해 복음전파와 신앙교육에 주력하는 국제적 출판사들의
협의체인 복음주의출판협회(E.C.P.A:Evangelical Christian Publishers
Association)의 출판정신에 동참하는 회원(Associate Member)입니다.